Wortmalereien

Wortmalereien

Tausend Gründe zu reimen

Marianne Hartwig

Bibliografische Information Der Deutschen Bibliothek:
Die Deutsche Bibliothek verzeichnet diese Publikation in der
Deutschen Nationalbibliographie; detaillierte bibliografische
Daten sind im Internet über <http://dnb.ddb.de> abrufbar.

Copyright © 2025 Marianne Hartwig
Layout und Gestaltung: Chris von Gagern
Umschlag: Gerlinde Mader, *Schmetterling*, Acryl/ Leinwand,
    30x20cm
Verlag: BoD · Books on Demand GmbH, Überseering 33,
    22297 Hamburg, bod@bod.de
Druck: Libri Plureos GmbH, Friedensallee 273,
22763 Hamburg
ISBN: 978-3-7693-6741-6

Ich liebe das Leben in wachsenden Ringen
Die sich über die Dinge ziehen
Ich werde den letzten vielleicht nicht vollbringen
Aber versuchen will ich ihn

Rainer Maria Rilke

Inhalt

Vorwort

Der jährliche Band von Marianne Hartwigs morgendlicher Reimtätigkeit ist diesmal als *Wortmalereien* tituliert. Es ist ihre fünfzehnte Lyrik-Publikation und insgesamt die sechzehnte, wenn man ihre Erzählung *Ojalá* von 2023 mitrechnet.

Der Untertitel *tausend Gründe zu reimen* weist darauf hin, dass es vorrangig um ihre Vorliebe zu reimen geht, aber natürlich auch um ihre Wahlheimat Ibiza, das Leben in der Natur und mit den Tieren, denen sie ihre besondere Aufmerksamkeit widmet, und Reflexionen über sich und das Leben.

Thematisch in 13 Kapitel gegliedert, geht es um Erinnerungen, Freundschaften, Tiere und Pflanzen, ihre Lieblingsdichter, Frauen und Träume.

Erneut lässt dieses poetische Tagebuch den Leser eng an den alltäglichen Erfahrungen der Autorin teilnehmen.

Chris von Gagern, Ibiza, Juni, 2025

WORTMALEREIEN

Tausend Gründe zu reimen

Spazierstock

Vielleicht weil das Adjektiv „der Spazierstock unter
 den Wörtern"* ist, gefällt es mir so sehr
Oft wandere ich mit dem Spazierstock zum Meer
Der Rat:
Meide Adjektive, ist ein Kritiker-Diktat
Reime mit vielen Adjektiven, schreibe ich zu meinem
 Vergnügen – die will ich genießen
Auf Verkäufe bin ich nicht angewiesen
Auch Heine, einer meiner Lieblings-Dichter,
 schätzte Adjektive
Wie ich seine Gedichte liebe!

*Michael Maar

Antworten

Gerne wäre ich eine Maulheldin
stattdessen bin ich keine – nur eine Reimerin

Und das mit großem Vergnügen
Die Reime – sie liegen

In Reichweite
Ich vermeide

Nur die Klagenden
Mir gefallen die Fragenden

Antworten gibt es wie Sand am Meer
Was will ich mehr?

Sprachbilder

Manchmal schaue ich es lange an – das Gedicht
Dann wäre ich lieber eine Malerin
Würde zuschauen wie es entsteht – dieses Gemisch
Aus Farben und Formen, die sichtbar ausdrücken was ich
    fühle, wer ich bin

Wort-Malereien zu entwerfen ist der Versuch
Einer Kombination
Wie Antwort suchende Anschauungen und Fragen im
    Tagebuch
Dann nenne ich das Ganze Wortmalereien oder Sprach-
    bilder und bin zufrieden mit der Improvisation.

Nicht beschweren

Wortmalereien
Befreien

Von Missmut und Wankelmut
Sind absolut

Hilfreich
Ja segensreich

In Zeiten von Kummer und Verdruss
Ein jeder muss

Seine eigenen Wortspiele finden
Die ihn mit den Hilfs-Geistern verbinden

Die begeistern
Und helfen, schwierige Situationen zu meistern

Wie Oma es vorlebte half auch beten – Meditation
Immer schon

Solange Wortmalereien zu meinen Lebensspielen gehören
Bin ich unendlich dankbar und werde versuchen, mich
bis zu meinem Lebensende nicht zu beschweren.

Freudenquellen

Für sich allein zu dichten bedeutet Vergnügen
Das teile ich mit meiner liebsten Freundin und allen,
    die Gedichte lieben
Sie fragen nicht, warum füllst du damit Bände
Sie kennen meine Widersprüchlichkeit – sie nehmen
    kein Ende

Manchmal, wenn ich beginne Gedanken aufzuschreiben
will ich gar nicht reimen
Doch dann lasse ich mich von dem Gleichklang verleiten
und der führt zu einem

Reim – verlässt den ursprünglichen Gedankenlauf
Will nur spazieren gehen – querfeldein
Dabei nehme ich in Kauf
Mich zu verlaufen, wünsche es vielleicht insgeheim

Nach dem richtigen Weg zu fragen oder zu suchen auf
    unvorhergesehen Pfaden
Gehörte immer schon zu der Vorliebe, Fragen zu stellen
Statt Antworten parat zu haben
So soll es bleiben auf der Suche nach Ursachen von
Freudenquellen.

Wie Übermut

Einen Tag ohne zu reimen
Den gibt es nicht
Meine Katzen meinen
Morgens ist die beste Zeit – das schönste Insel-Licht

Rosmarin- und Salbei-Duft
Der Reim weht durch die Luft
Und lässt sich auf dem weißen Blatt nieder
Aus seinem Rhythmus entstehen immer wieder

Mutige Gedanken
Ideen
Die auf Reisen gehen
und wieder auf der Insel stranden

Strandgut ist wie Wagemut
Wie Übermut.

Kein Leben

Reimlust hilft dem Tag gelassen entgegen zu sehen
Gedanken wehen

Aus längst vergangenen Zeiten
Eine Art *déjà vu* – sie verbreiten

Die alte Lust auf der Suche nach Sinn
Und der Frage: Bin ich die, die ich bin

Oder nur eine Sinnsucherin im Wandel der Zeit
Ohne Vorstellung: Was bedeutet Ewigkeit

Nach der kurzen Lebenszeit mit all den Illusionen
Den unterschiedlichen Religionen

Und der Sehnsucht, in einem Himmelreich zu wohnen
Nach all den Erdenreich-Situationen

Eine Schöpfer-Macht muss es geben
Aus Nichts entsteht kein Leben.

Zeitaufwändig

Mit dem Stift in der Hand
Auf Reime zu lauern
Ist ein Zustand
von Erwartung und Konzentration
Eine Faszination

Entspannung und Erwartung gleichzeitig
Nur im Zusammenhang mit Erinnerung wird eine
  Geschichte erzählt
Ob sie gefällt hängt von der Wunschvorstellung ab –
  die wechselt ständig
Und macht die Faszination so zeitaufwändig.

Im Geheimen

Schon wieder ein Entwurf, der mir gefällt
Werde ich selbstbewusster
Oder anspruchsloser
Oder fühle ich mich einfach nur wohler in meiner kleinen
    Welt

Beides – im Zweifelsfall
Nur was man gern macht macht man gut
Ein wenig Beifall
Tut trotzdem gut

Doch auch beifallslos würde ich reimen
Nur nicht ganz im Geheimen.

Katheder

Von all den vielen Gedankenspielen
Sind mir die Ontologien

Am liebsten – die Lehre vom Seienden
Verzeihenden

Eine Philosophie
Die

Praktisch ist und anwendbar
Verständlich und wahr

Interesse habe ich an allen
Ob sie mir auch gefallen

Hängt davon ab wie die Sprach-Spiele präsentiert werden
Die Lehre vom Sein interessiert alle Da-Seienden auf Erden

Reimen kann ein jeder
Philosophen brauchen dazu einen Katheder.

Der Reim

Ein Entwurf muss heute sein
Aber gerade jetzt fällt mir keiner ein

Doch das denke ich seit Jahren und nehme einfach den
    Stift in die Hand
Schaue gebannt

In den Pinienwald
Und schon bald

Werden sie sichtbar – die Stimmungsbilder
Sie sind wie Hinweisschilder

Auf das Reim-Wunderland – das Dasein
Seit der Kindheit liebe ich den Reim.

Immer schon

Wie schwimmen oder Radfahren ist Reimen
Man verlernt es nicht – nur die Reimgeister wollen noch
    gebeten werden zu erscheinen
Ohne sie
Werden Worte nicht zur Poesie

Sie erzählen die rhythmischen Geschichten
Das kann nur der, der die Wahl trifft
Geschichten zu verdichten
Dazu gehört unter anderem Papier und Stift

Und Schicksals-Gunst
Wenn die Reimgeister wollen, wird daraus Kunst
Und die ist verwandt mit der Religion
Trostspendend, Sinn suchend – immer schon.

Sinn-Suche

Den Reim-Geistern scheinen meine Vorlieben für die
    Suche nach dem Sinn zu gefallen
Sie ist frei von allen Koketterien
Liebt Wort-Melodien

Die helfen in das Reim-Wunderland zu entfliehen
Manche Sinnsucher machen daraus eine Lebens-
    Philosophie
Die Beschäftigung damit vergeht nie.

Jahrzehntelang

Alle Reime sind Kurzberichte
Ich muss sie nur aufschreiben – wie Träume
Nicht immer beschreiben sie eine Geschichte
Manchmal sind sie nur wehende Blätter herbstlicher Bäume

Während sie langsam sinken
Wird ihre Noch-Lebendigkeit sichtbar
Erinnerungen winken
Beschreiben was geschah

Sie im Gedächtnis zu behalten
Ist nur dann ein Vergnügen
Wenn sie beitragen zu der Kunst
Das Leben zu lieben

Ganz allmählich wird daraus ein biographischer
    Tatbestand
Die Enkelkinder finden ihn vielleicht interessant
Denn Yaya* lebte Jahrzehntelang im Pinienwald auf
    einer Insel in einem fremden Land.

*Oma

Belohnen

Wenn mich Jemand aus dem Fan-Club wissen lässt,
    meine Reime hätten sie inspiriert
Freut mich das
Reimen macht nicht nur Spaß
Es verdichtet Alltagsgeschichten und führt

Auf Traum-Pfade
Verschlungene – ungerade
Die versteckte kleine Geheimnisse entdecken
Neugierde wecken

Im Gedächtnis bleiben
Freude bereiten
Manchmal traurige Stimmungen vertreiben
Kinder lieben sie

Früher schrieb man sie in ein Album der Poesie
Sprachspiele sind von all den phantasievollen Spielen die,
    die man allein spielen kann
Und sie führen manchmal dann
Zu den schönsten Variationen

Dokumentationen
Die sich, lohnen
Festgehalten zu werden
Um sich selbst damit zu belohnen.

Durchdrungen

Im Fanclub gibt es wieder einmal ein neues Mitglied
Das freut mich immer dann, wenn ein Gedicht
    zitiert wird, das auch mir besonders gefällt
Weil sein Rhythmus ein wenig so ist wie ein Lied
Das man leichter im Gedächtnis behält

Gedächtnistraining der besonderen Art
Vermutlich gefallen mir deshalb Reimgedichte
Ein geniales wie "Der Panther" oder "Der Werwolf" zu
    schreiben ist mir bisher nicht gelungen

Absurd oder dramatisch müsste es sein – mein
Training geht weiter – im Zweifelsfall wird es eine un-
    endliche Geschichte
Von Sinnsuche durchdrungen.

In einer *casita*

Noch im Alter mit vielen Menschen in Kontakt zu sein
Verdanke ich der Reim-Freude
Sie scheint Mut zu machen – ist ein Vergnügen da zu
sein
Im Hier und Jetzt

Und immer wieder mit einer neuen Katz
Zeitweise zusammen mit meiner liebsten Freundin Tamara
Mit Stift and Pinsel in einer *casita*.

Lebendig

All die endlosen Verse, die sich mit dem Reim befassen
Sind wie Meditation – sie lassen
Nur immer wiederkehrende Wortspiele zu
Tausend Mal halfen sie dazu

Mitzuspielen – mit immer den gleichen Zielen:
Klagen zu vermeiden
Mit Sprache Freude und Mut zu bereiten
Ob Tiere uns um die Sprache beneiden?

Wie dumm! Sie haben eigene Worte und Informationen
Dass sie damit nicht nur musizieren – unsere fliegenden
   Mitbewohner die in genial erbauten Residenzen
   wohnen
In der Stille zu leben macht reimfreudig
Hält lebendig.

Aus der Erinnerungs-Schatztruhe

Vor- und Rückblick

Das Mosaik der Erinnerung
Lässt farbenprächtige Bilder entstehen
Ein Blick zurück führt zu Einsicht und Verständigung
Zu dem Mut, neue Wege zu gehen

Und gleichzeitig die alten im Gedächtnis zu behalten
In Wechselspielen
Mit Sorgen – den alten
Und ganz vielen

Emotionen
Die sich zu leben lohnen
Ein Wunderwerk ist das Mosaik
Schillernd – lebendig – ein Vor- und Rückblick.

Spätes Glück

Ein mutiges Frauenzimmer war Oma
Nachdem sie ihren Mann im Krieg verloren hatte,
    interessierten sie die Weltmächte nicht mehr
Nur der liebe Gott und seine Stellvertreter auf Erden
    waren für sie da
Das betrübte ihre Kinder sehr

Nicht misch-ehelichen durften sie
Mama konnte ihren evangelischen Geliebten nur
    heimlich treffen
Das verzieh sie Oma nie
Der Geliebte heiratete die beste Freundin und kehrte
    nicht aus dem Krieg zurück
Meinen katholischen Papa zu treffen war für sie spätes
    Glück.

Noch immer

Von selbstbewussten Frauenzimmern stets umgeben
Ließ es sich auch in schwierigen Zeiten ganz gut leben

Oma und Mama nahmen kein Blatt vor den Mund, wie
    Oma das nannte
Deren Vorliebe für drastische Redewendungen ein jeder
    kannte

Selten äußerte Oma ihre Meinung höflich still
"Dat Kind is widerborstisch un wäss wat it will"

Die später von mir bevorzugten Frauenzimmer
begleiten mich noch immer.

Zu lieben

Sobald wohliges Schnurren in der Schreibecke zu hören ist
    verfliegt die Morgenmelancholie
Schnurren ist wie Therapie
Wie Meeresrauschen
Wie Spatzen die am Abend auf ihrem Schlafbaum laut
    ihre Platzansprüche austauschen

Die Natur war seit Lebensbeginn meine Zuflucht
Aus dem kalten Haus im Winter in den warmen Kuhstall
    zu gehen – ein Vergnügen
Parfum kannte ich nicht – aber Tierduft
Das Geborgenheitsgefühl inmitten der Natur, umgeben
    von Bäumen und Tieren ist geblieben
Und mit ihm die Bereitschaft, auch in schweren Zeiten
    das Leben zu lieben.

Entscheiden

Manchmal – mitten in der Nacht – greife ich zu Stift und
    Papier
Und sage mir:

Lieber mit Worten spielen
und all die vielen

Gedanken in die Flucht jagen, die Einschlafwillige plagen
"aus der Not eine Tugend machen" würde Oma sagen

Für sie war der Rosenkranz die Brücke zum Unbewussten –
    Anima
Behaglich in ihrem Sessel sitzend murmelte sie alle die
    Vaterunser und Gegrüßet-Seist-Du-Maria

Böse Geister lassen sich immer vertreiben
Man muss sich nur für eine hilfreiche Vertreibungsmethode
    entscheiden.

In der Gegenwart

Beharrlichkeit ist eine Tugend
Ziemlich unbedeutend in der Jugend
In der Kindheit nannte man in meinem Elternhaus
    beharrlich „widerspenstig"
Böse Zungen nannten es starrsinnig

Widerspenstig zu sein richtete sich wider all die
    Glaubensforderungen und stellte sie infrage
Sie verführen noch immer zu Eigensinn in einer prekären
    Lebenslage
Auch Gespenster sind ambivalent
Widerspenstig gleich beharrlich zu sein hilft bis ans
    Lebensend

Eine meiner liebsten Freundinnen betet für mich
Sie fürchtet, Gott liebt Widerspenstige wie mich nicht
Vielleicht bleibt mir die Hölle erspart
Man weiß es nicht – auf jeden Fall scheint ein Schutz-
    engel oft bei mir zu sein in der Gegenwart.

Wie Träume

Träume sind meine Lieblingsgeschichten, die ich mir
    nicht ausdenken muss
Auch deuten
Bereitet Freuden
Vor allem sind sie oft fast so aufregend wie ein Kuss

Zum Beispiel heute
Schaute ein alter Liebhaber um die Ecke
Er stand nur zufällig am Gartenzaun
Ist sie nicht zu hoch gewachsen, die Hecke
Wollte ich wissen, aber er rührte sich kaum

Sah mich nur unverwandt liebevoll an
Und ich verstand:
Die Erinnerung ist Teil der Biografie
Wie Träume – nur der Tod beendet sie.

Zum Dichten

Nach deinem Tod, Jordi, begann ich zu schreiben
Das Schreiben bietet uns Hilfe an
Wir bleiben
Ein Leben lang

Mit unseren ersten Schreib- und Leseerfahrungen
    verbunden
Schon früh hatte ich die von meiner Patentante vergessene
       Kleist-Ausgabe bei ihrem Auszug gefunden
Die mich faszinierte
Verwirrte

Außer Kleist gab es in unserem Haus nur noch die Bibel
    und "Heilige-Geschichten"
Die, wie Kleist, von Liebe und Tod berichten
Für Oma waren sie der Zugang zu ihren Jenseits-Wunsch-
    Welten
Kleist fand ich spannender

Er wurde nicht zum Trostspender
Aber verhalf zum Dichten und Denken.

Lachen

Die nicht so erfreulichen Gedanken und Tagesgeschehen
    verbanne ich ins Klagebuch
Ich vergesse sie nicht so schnell wie Alpträume
Oder einen misslungenen Sinnspruch
Doch manchmal höre ich Mama sagen: "Träume sind
    Schäume"

Die späteren Klagebücher erwähnte ich nie
Meine Vorliebe für Gedichte kannte sie
Mit dem Zitieren von Gedichten in Hunsrücker Mundart
    konnte ich ihr immer eine Freude machen
Ob sie ihre jüngste Schwester beneidete, die aufs
    Gymnasium gehen durfte, erfuhr ich nie

Im Dorf war sie bekannt als Schafferin mit viel Energie
Zuhören und Lächeln konnte sie, lachen hörte ich sie nie.

Blüten-Gespenster

Nichts und niemand raubt mir die Erinnerung
Sie ist meine Schatztruhe
Ein Hineingleiten in nächtliche Traumerlebnisse und -Ruhe
Über dem Kuhstall war mein Kinderzimmer

Durch die Wände spürte ich die Tierwärme immer
Trotz Dunkelheit blühten hell Eisblumen in einer
    winterlichen Vollmondnacht am Fenster
Mir gefielen diese Blüten-Gespenster.

Lebens-Freundschaften

Der Liebesbrief

Das Bild „Der Liebesbrief" von Tamara, das jetzt über
    dem Bett hängt
Erfreut mich schon beim Aufwachen am Morgen
Ich fühle, auf der großen weiten Welt gibt es jemanden,
    der an mich denkt
Bis zu meinem Lebensende teilnimmt an Freuden und
    Sorgen

Fernliebe ist unsere Gemeinsamkeit
Sie begleitet uns ein Leben lang – jenseits von Raum
    und Zeit.

Ojalá

Wenn wieder einmal ein farbenprächtiges Bild
meiner Freundin zu sehen ist, versinke ich in seinem
   Anblick
Wie leuchtend – wie wild

Ausdruck ihrer Lebenskunst und Phantasie
In den schwierigsten Situationen findet sie
Einen Weg, Lebenskraft zu erzeugen
Das Schicksal anzunehmen, sich nicht zu beugen

Es ist die Kunst, die uns Kraft verleiht
Jetzt, und - *ojalá** - bis ans Ende unserer Zeit.

*hoffentlich

Schicksalsgunst

Immer wieder gibt es eine Verdichtung die mir selbst gefällt
Dann schicke ich sie meiner liebsten Freundin Tamara
Und sieh da
Auch sie hält sie für Mut machend
Und wir bestätigen uns lachend:
Manches gelingt uns
Das nennen wir dann Schicksalsgunst.

Keine

Reimzeit am frühen Morgen
Der Herbst bietet seine ganz Pracht
Der weiße Blütenduft der Yucca-Palme scheint zu
    leuchten – vertreibt die Sorgen
und schafft

Ein Morgenvergnügen
Das Verse entstehen lässt
Auf all den Blüten liegt ein Zauber – ein Sommerrest
Wird er gelingen, der herbstliche Tagesverlauf

Meine liebste Freundin kommt heute
Wir verlassen uns beide auf Schicksalsgeschenke und
    Freude
Die das Leben schenkt
Sie malt, ich reime
Und die Inselsonne lenkt
Unsere Gedanken – Erwartungen: keine.

Verzichten

In der Schreibecke zu hocken
In der Erwartung, Verse anzulocken
Tut gut
Bisher bestand der Tag aus Unmut

Nur ein langer Telefon-Schwatz mit Tamara
Unterbrach die trübe Stimmung
Ausgelöst durch einen Alptraum in dem nur Unglück
    geschah
Doch jetzt am Abend ist ein Minimum
Von Gelassenheit spürbar

Die will ich jetzt verdichten
Ich nehme den fantastischen Abendhimmel wahr
Und sage mir: Auf drei Glücksempfindungen an einem
    Tag werde ich nicht verzichten.

Brillant

Nicht vor dem Tod, vor der Abhängigkeit fürchte ich mich
Die wurde dir erspart
Zum Sterben brauchtest du mich nicht
Eine wundervolle Art

Das Leben zu beenden
Sie wird nicht allen zuteil
Ist das Schicksal nur bereit sie den Mutwilligen zu schenken
Jene, die weniger beschäftigt sind mit dem Seelenheil?

So wie du – statt ICH sagtest du meistens WIR
Ich lebe weiter in dem von dir ausgesuchten Wunderland
Einen Tod wie den deinigen wünsche ich mir
Im Schlaf zu sterben, das ist brillant.

Im Hier und Jetzt

Eine meiner liebsten Freundinnen treffe ich auf dem
    Traum-Spaziergang
Du bist doch im letzten Jahr gestorben, sage ich unter
    Tränen
Und umarme sie wie immer fest und lang
Unsere Freundschaft kann auch der Tod uns nicht nehmen

Sagt sie und lacht auf ihre unverwechselbare Irenen-Art
Ich atme ihren Duft
Streichle sie zart
Noch lange schwebt ihr Wohlgeruch in der Luft

Wie recht du hast, meine geliebte Freundin
In meinem Herzen bleibst du bis auch ich nicht mehr
    im Hier und Jetzt bin.

Allen

Von all den Schätzen dieser Welt ist Freundschaft der
    wunderbarste
Ein Geschenk – das wahrste
Trost und Vertrauen bei allen Schicksalsschlägen
Wahrer Balsam für die Seelen

Auf all unsren Wegen
Konnten wir auf unsere gegenseitige Anteilnahme zählen
Du, meine liebste Irenen, bist als erste in diesem Jenseits,
    das viele Menschen Himmel nennen

Solange ich noch lebe bleibst du in meinem Herzen – ob
    Freunde aus dem Diesseits sich im Jenseits
    wiedererkennen?
Deine Bilder und meine Gedichte werden auch nach uns
    noch anderen gefallen
Kunst ist Ausdruck von Lebenslust und -leid und gefällt
    fast allen.

Eine kleine Ewigkeit

Wenn wieder einmal ein Traum verloren gegangen ist
Durchforsche ich die Erinnerung
Die dann manchmal beschließt:
Ja, so war die Geschichte – voller Hoffnung

Ein alter Freund hatte beschlossen mir zu helfen – sagen
    wollte er es nicht
Doch ich spürte seine Gegenwart
Sah sein Gesicht
Und fühlte seine Art

Therapeutisch auf mich einzuwirken
Eine alte Freundschaft vergeht nicht
Kann Tröstungen bewirken
Ist wie ein geliebtes Gedicht

Schützt ein wenig vor Leid
Ein Leben lang – eine kleine Ewigkeit.

Von mir

Auf der Suche nach einem Geburtstagsreim
Fallen mir nur melancholische Gedanken ein

Ob das Alter schuld daran ist?
Es ist eher die Frist

Die noch bleibt für frohe Gedanken
Und die sende ich dir weil so viele Erinnerungen sie
umranken

Welche? Das überlasse ich dir
Mit Sicherheit sind sie verbunden mit denen von mir.

Von all den großen und kleinen

Tieren und Pflanzen

Wie gemalt

Hättest du Lust mit mir zu dem Über-Tausendjährigen
     zu gehen
Frage ich Puschi – sie sagt: JA

Wir gehen und sehen
Viele neue Triebe – wie wunderbar

Wer wird schon über tausend Jahre alt?
Sieht wunderbar aus
Ein Bild wie gemalt
und ein Eulen-Haus

Er wird mich überleben
Und den Nachfolgenden Hoffnung und Lebensfreude
     geben.

Falten

Neben dem Über-Tausendjährigen sitze ich
Nichts könnte schöner sein
Die Geister der Vergangenheit umgeben mich
Hier bin ich glücklich, hier bin ich daheim

Sie raunen: Fürchte dich nicht
Schau ihn dir an, den schönen Alten
Er genießt wie du das Sonnenlicht
Seine Rinde zeigt: Sonne macht Falten
Ihn und mich stört das nicht.

Umwelt

Mit dem Über-Tausendjährigen zu reden ist zwar ein
    Selbstgespräch, aber eines mit imaginären Antworten
Wer so lange lebt ist in innigstem Kontakt mit Lebewesen
    und Orten
Die sein langes Leben mit garantierten
An denen Menschen weniger Kriege führten

Und dankbar sind für die Gegenwart eines so Langlebigen
Seit Beginn
Meines Insellebens bewundere ich dich
Sitze in deinem Schatten und bin glücklich
Dass dir unser Leben immer noch gefällt
In dieser von uns Menschen so schlecht behandelten
    Umwelt.

Einzelgängerinnen

Der Über-Tausendjährige ist Wohnsitz einer Eule –
    schon Lang
Meine Freundin war
entzückt von ihrem Anblick
Offenbar hat Sie ein Versteck im dicken Stamm

Mit viel Geschick
Machte ich mich unsichtbar im Gebüsch
Doch sie ahnte meine Gegenwart und versteckte sich

Zwei Einzelgängerinnen in ihrer eigenen kleinen Welt
Warum hat sie sich den Über-Tausendjährigen ausgewählt
Ganz einfach – er gefällt ihr
Und mir.

Schreibseligkeit

Mit der weißen Eule rede ich im Traum von Zeit zu Zeit
Seitdem meine Freundin sie im Über-Tausendjährigen sah
Bin ich bereit
Auf ihren Anblick zu warten

Als Einzelgängerinnen – sie wohnt in einem Baum
Ich in einem Holzhaus im Pinienwald
Und nur im Traum
Begegnen wir uns – vielleicht bald

Wieder – aus Träumen werden Wunsch-Gedanken
Die verirren sich in die Wirklichkeit
Um diesen Kreislauf ranken
Sich die schönsten Geschichten – sie vermitteln Freiheit

Manchmal auch Rede- oder Schreibseligkeit
Auf alle Fälle eine begrenzte Zeit der Gelassenheit.

Kleine Genüsse

Mit dem Stift in der Hand
Schaue ich gebannt

Auf das leere Blatt Papier
Wir

Die Katzen und ich
Hocken vor dem Katzentisch

Und sind mit uns und der Welt zufrieden
Gerne wäre ich noch eine Weile auf dem Dreschplatz
    geblieben

Doch die Februarsonne verschwand hinter dem Haus von
    Catalina
Was so viel heißt: Rückzug in die warme *casita*

Lesen oder schreiben – noch ist es nicht entschieden
Spätnachmittage bieten

Wunderbare Möglichkeiten
Sich die Zeit zu vertreiben

Eine Linsensuppe, Omas Art, wäre ein verlockendes Menu
Das würde auch den Katzen gefallen – kleine Genüsse
   verachten sie nie.

Ziemlich gut so

Puschi meinte wieder einmal interessante Gedichtbände
    für mich herausfinden zu müssen
Sie liebt dicke Bände mehr als Kissen
Ideal als warme Schlafunterlage auf dem kalten
    Steinfußboden
Verbunden mit den liebevollen Worten die sie loben

Ringelnatz ist besonders geeignet
Auf seiner umfangreichen Gesamtausgabe lässt sich
    ausgezeichnet
Die Zeit vertreiben
Ich verstehe, dass du entzückt bist von all den eng
    beschriebenen Seiten

Meint sie und räkelt sich darauf
Die langen schwarzen Puschi-Haare nehme ich in Kauf
Sie mischen sich mit den kurzen von El Rojo
Und das ist ziemlich gut so.

Wie lange noch

Ohne Lesen und Schreiben wäre das Alt-Sein eine Last
Mit beiden ist es – fast

Ein Vergnügen
Alle Alltagspflichten kommen zeitweise zum Erliegen

Die *casita* ist eine Bücherhöhle
Selbst im Bett gibt es fast keine Stelle

Die bücherfrei ist
Darauf liegt Puschi, die gar nichts vermisst

Notfalls wäre ein Schläfchen auf einem Buch auch
    behaglich
Ihr zweitliebster Platz ist der Tisch

Ihr das abzugewöhnen ist mir bisher nicht gelungen
Nun nenne ich ihn Katzentisch und bin gezwungen

Nach anderen Teller-Standplätzen Ausschau zu halten –
    noch gibt es die
Wie lange noch weiß man nie.

Eine Harmonie

Manchmal, wenn ein Buch mich besonders fesselt
Will ich es zu diesem Zeitpunkt nicht zu Ende lesen
Es wird nicht tragisch enden – spüre ich
Selten irrte ich mich bei dieser Wahrnehmung

Erst morgen wird es seinen Platz im Bücherregal finden
Vielleicht wird Puschi Schuld daran sein
Wenn es mir noch einmal in die Hände fällt
Sie liebt die oberen, fast unerreichbaren Regale
Versteckt sich hinter Poesie, wirbelt sie durcheinander
Katzen und Gedichte – eine Harmonie.

Verbunden

Einst träumte ich, eine Dichterin zu werden
Denn nichts von all dem Erstrebenswerten auf Erden
Erschien wünschenswerter
So ein begehrter Kurzgeschichtenerzähler wollte ich sein
Mit vielen Tieren – nicht ganz mit mir allein

Getrost kann ich meinem Lebensende entgegen sehen
Denn Tiere und Gedichte begleiten mich, und es
      geschehen
Fast täglich verdichtete Geschichten
Früher ließ ich auch meinen Lieblingskater Rojo davon
      berichten

Er liebte es, an meiner Seite zu sitzen
Und schnurrend mit zu dichten
In der Nähe des Über-Tausendjährigen hat er seinen
      letzten Ruheplatz gefunden
Dort sitze ich oft – eng mit den Erinnerungen an ihn
      verbunden.

Künstler und Mann

Den Eingang rechts und links mit feinen Zweigen zu
    verzieren
Gleiche Höhe, gleicher Durchmesser ist wichtig
Auf den Abstand ist sorgfältig zu achten, kein Detail ist
    zu ignorieren
Perfekt muss es sein – absolut richtig

Der Boden muss penibel gereinigt sein
So, dass all die blau-leuchtenden Kostbarkeiten sichtbar
    sind im neuen Heim
Blaue Verschlüsse von Plastikflaschen sind begehrt
Eine lange Suche sind sie wert

Sollte ein rotschimmernder Stein nicht zu entfernen sein
Hüllen ihn bläulich schimmernde Blätter ein
Immer wieder begutachtet der Künstler sein Werk – es muss
    seiner zukünftigen Liebsten gefallen
Er, der Vater ihrer Kinder, muss der Beste sein von allen

An seinen Künsten wird sie ihn erkennen
Und ihn Bräutigam nennen
Das Werk ist getan

Endlich findet die Hochzeit statt, denn er ist jetzt ihr Mann

Die Aufzucht der Kinder überlässt er seiner Angebeteten
Denn
Schließlich ist er als Seidenlaubenvogel vor allem Künstler
    und Mann
Der hervorragend Lauben erschaffen kann.

Schicksals-Gunst

Mit Freunden am Meer zu sitzen und in die Sonne zu
    blinzeln
Auf einer der weltschönsten Inseln
Ist Schicksals-Gunst
Hinzukommt die Kunst

Bilder meiner geliebten Freundin bilden zusammen mit
    all den Büchern eine kleine Galerie
Insel-Freunde lieben sie
In der Katzenwelt ist sie ebenfalls bekannt – stets stehen
    auch dort Leckerbissen bereit
Und von Zeit zu Zeit

Beschließt eine Besucher-Katz zu bleiben
Wie nach Rojos Tod: Herrmann
Manx kann ihn nicht leiden
Aber Puschi nimmt ihn an.

Unter bestimmten Voraussetzungen

Ein dicker, schwarzer, fliegender Käfer
Von dem ich immer noch nicht weiß wie er heisst
Zieht seine Kreise – er ist kein Langschläfer
Schon am Morgen umschwirrt er seine Lieblingsblüten

Was oft darauf hinweist
Dass die über Nacht neu entstandenen ihm ihren Nektar
 anbieten
Den er laut brummelnd umkreist
Ein Morgenvergnügen
Sind schwarze fliegende Käfer auf Blüten

Angeblich kann ein Ölkäfer nicht fliegen
Hier fliegen sie immer im Frühjahr
Ich finde sie wunderbar
Vielleicht lernten sie auf der Insel das Fliegen
Kein Wunder, auch die Blumenkinder glaubten, das unter
 bestimmten Voraussetzungen hinzukriegen.

Schlangen

Auf der Insel gibt es jetzt giftige Schlangen
Die Gemeinden stellen Fallen zur Verfügung
Was passiert mit den Schlangen, sind sie gefangen?
Sie werden getötet – das ist keine Lösung

Giftig sein heißt nicht den Tod verdienen
Also lebe ich mit ihnen

Silbrig glänzend, einen Meter lang und daumendick
Schön sah sie aus und verschwand im selben Augenblick
Nein, ich werde nicht versuchen euch zu fangen
Meidet die Menschen, ihr Schlangen!

Pur

Was für ein Vergnügen
Alle versammeln sich in der Außenküche
Es duftet und Opa Gecko meint: Vieles ist übrig geblieben
Ein kleines Festmahl: Fische

Das heißt, das was davon noch da ist
Man kennt und toleriert sich

Leider gibt es keine Eidechsen mehr
Die Schlangen haben sie vertrieben
Dafür reger Ameisenverkehr
Außer Schlangen sind alle willkommen, die die Außen-
     küche lieben
Wie ich das Menu in tierischer Gesellschaft genieße –
     mitten in der Natur
Dankbarkeit – pur.

Harte Zeiten

Der Gecko, den die Gäste beanstandeten, ließ sich nach
    deren Abreise, wieder blicken
Ganz schön teuer war deine Gegenwart
Meinte ich – durch dich hatte die Vermietung so ihre
    Tücken
Und er: Mit wem willst du lieber leben – mit denen
    oder mit mir?

Mit dir
Meine Antwort interessiert ihn gerade nicht
Er verschwindet hinter dem dicken Deckenbalken, dahin
    fällt wenig Licht
Dort ist sein Daheim
Den Gästen räumte ich einen Sonderpreis ein

Und verkniff mir den Kommentar:
Um und in einer Finca
Gibt es nun einmal Pflanzen und Tiere
Zu euch passt sterile Hotelatmosphäre

Da wäre
Keine Bougainville-Blüte im Pool, keine Eidechse in der

Hängematte
Und keine nimmersatte
Ameise und auf keinen Fall ein Spinnennetz

Wie gerade jetzt
Wie lästig doch das Landleben war
Heißt es dann zuhause – auf so einer von Kleintieren
bevölkerten Finca
Ganz zu schweigen von dem Spatzengezeter in ihrem
Schlafbaum wo sie sich allabendlich um ihren Schlaf-
platz streiten
Kurz und gut: Ein Urlaub auf einer Finca bedeutet für
gewisse Stadtneurotiker harte Zeiten.

Erwarten

Alle Kinder lieben Sandkuhlen am Strand
Und das Plantschen in Meer und Sand

Pan und *Alioli* in der Strandbar
Ist besser als Kaviar – nicht nur für die Kinderschar

Die Spatzen sitzen schon auf dem Tisch
Erwarten Köstlichkeiten wie Fisch.

Für die Katz

Ein Gedicht entsteht
Wenn eine Idee durch das Gedächtnis weht

Einen Eindruck hinterlässt
Und du beschließt: Den halte ich fest

Spatzengezwitscher ist gerade der Auslöser
Mit wem unterhält sich da Spätzlein

Mal laut – mal leise
Hält es Selbstgespräche, ist es allein?

Offenbar nicht
Von der unteren Terrasse spricht

Seine Partnerin
Kommunikation macht Sinn

Bei Mensch und Spatz
Verständigung hilft immer – ist nie allein für die Katz.

In der Gegenwart

Und als die silbrig glänzende Natter verschwunden war
Kamen mir viele Überlegungen in den Sinn
Ist sie giftig und wenn ja
Fange ich sie mit Hilfe einer Falle der *Cooperativa*
    Sta. Eulalia
Oder überlasse ich sie der Natur – der Gestalterin
Noch habe ich mich nicht entschieden – als Eidechsen-
    Erhalterin

Schlangen haben keine natürlichen Feinde
Für Katzen sind sie ebenfalls keine Beute
Die Entscheidung, sie zu fangen, um sie töten zu lassen
    bleibt mir nicht erspart
Nur noch wenige Eidechsen existieren im *casita*-Umfeld
    in der Gegenwart.

Lebenshilfen

Eigentherapie

Die erfreulichste Sucht ist die Lesesucht
Abhängigkeit nehme ich in Kauf
An Entzug denke ich nicht – ich habe ihn auch nie versucht
Wie alle Süchtigen denke ich: Wenn es sein muss,
    höre ich einfach auf

Es muss nicht sein
Im Gegenteil, ich gründe den Club der Lesesüchtigen
Regelmäßig finden wir uns ein
Und zelebrieren die Droge im Kreis der therapie-
    unfreudigen Spezialisten

Aus der Abhängigkeit entsteht eine Eigen-Therapie,
    und die heißt schreiben
Jede Sucht neigt dazu sich selbst zu überschätzen – sich
    auszubreiten.

Schicksals-Gunst

Wer schreibt
Der bleibt
Selten bei der Wahrheit
Die ist meist himmelweit

Entfernt von der Phantasie
und ohne die
Wäre schreiben eine Last
Fast

Wie Alltag
Und den mag
Eine Tagebuch-Reimerin nur dann
Wenn sie die Phantasie einsetzen kann

Das bedeutet nicht: Unwahrheiten erfinden
Denn Phantasie ist Teil jeder Wahrnehmung
Und die Kunst, Alltags-Freude zu empfinden
Was so viel heißt wie leidvolle Empfindung

Mit Hilfe der Phantasie erträglich zu machen
Nichts anderes machten wir als Kinder – wir liebten

Märchen, erfanden böse Drachen
Doch lügen war eine Sünde
Sagte man dem Kinde

Heute mache ich aus Sünde Kunst
Und nenne sie Schicksals-Gunst.

Erträglich

Das erste Zikaden-Konzert
Was für ein Hörgenuss
Sie können gar nicht aufhören – hört:
Wir sind wieder da – ab heute ist noch lange nicht Schluss

Die Insel bietet ihre Lock-Laute an
Überfüllte Strände und hohe Preise scheinen nicht zu
    schrecken
Tagsüber zieht mich der Schattenplatz bei dem Über-
    Tausendjährigen an
Puschi begleitet mich, am Pool aalen sich die Gäste –
    es duftet aus allen Winkeln und Ecken

Sie, die Gäste, finanzieren unser Inselleben und
    amüsieren sich
Die meisten sind ziemlich erträglich.

Gar nicht so übel

Hast du heute schon eine gute Tat vollbracht
Fragt mein Traum-Geist – ich habe nachgedacht
Und antworte wahrheitsgemäß: Nein
Ich bin kein Gut-Mensch – nur ein

Menschenkind
Das mehr oder weniger blind
In die Zukunft schaut
Auf was vertraut?

Auf die Schicksals-Macht
Bisher hat sie es gar nicht so übel gemacht.

Daseins-Phänomene

So ein Traumgeist
Beweist

Auch ohne den Verstand
Ist die Erinnerung kein Niemandsland

Sie erfindet Geschichten
Verführt zum Dichten

Weil die Realität keine Rolle spielt
Jeder Dichter schielt

Nach Phantasie
Und der Möglichkeit wie

Sie hilft, Lebenssituationen gelassener wahrzunehmen
Und sich einzugestehen:

Der Zukunft mutig entgegen zu sehen
Gehört nicht zu den erprobten Daseins-Phänomenen.

Zufluchtsort

Wortmalereien in Hülle und Fülle
Die düsteren verstecke ich im Klage-Buch
Sachte vertreibe ich sie mit dem Stift aus der Abendstille
Abschiedsstimmung – kein Versuch

Die Malereien zukunftsbunt erscheinen zu lassen
Meine engsten Freundinnen kennen sich aus in Melancholie
Auch sie befassen
Sich mit dem Abschied und der damit verbundenen
    Mythologie

Die Wahrzeichen in Bildern darzustellen
Als Malereien behalten sie sichtbar ihren Deutungscharakter
Aus Tod wird Paradies
Ewiges Leben oder Wiederkehr

Jede Wortmalerei ist Ausdruck von Lebens-Leid und -Freude
Daseins-Spiegelung: So ist das Lebensgefühl heute
Ein wenig Paradies
Ein wenig Verließ

In dem es Engel und Teufel gibt
Und immer einen Zufluchtsort für den der liebt.

Gewinn

Schreiben ist immer auch eine Therapie
Es vesrtärkt die hilfreichen Bemühungen um Lebensfreude
    und Lebenssinn
Fördert Auseinandersetzungen mit sich und der Welt
Ist eine individuelle Philosophie
Immer ein Gewinn
Wenn es auch anderen gefällt.

Zu allen Zeiten

Auch in traurigen Zeiten malen und dichten wir
Vielleicht gerade dann
Die Kunst ist unser Lebenselixier
Immer wieder zieht sie uns in ihren Bann

In neuen Bildern und Geschichten
Die ständig Teil unserer Lebenslust waren
Mit ihnen richten
Wir uns ein in den Herausforderungen, die uns widerfahren

Um einen Ausdruck zu suchen und an den kleinen
    Lebenswundern teilzunehmen
Natur und Tiere helfen uns dabei
Glücksmomente wahrzunehmen
Sie festzuhalten mit Farb- und Wort-Spielen

Und all den vielen
Möglichkeiten
Um zu zeigen:
Das Leben ist lebenswert trotz Leid und Gefahr
So wie es zu allen Zeiten war.

Bunter

Die Beziehung zwischen Wortmalerei und Stimmungsbild
Wird sichtbar und fühlbar
Den Beteiligten wird klar
Sie ist eine Liebesbeziehung
Unabhängig – eine Verführung

Miteinander das Leben zu gestalten
Hoffnung zu verbreiten
Und in schwierigen Zeiten
Immer im Gedächtnis zu behalten:

Das Leben ist ein Wunder
Stimmungsbilder und Wortmalereien sind je
intensiver umso bunter.

Macht

Philosophie und Poesie sind Lebenshilfs-Positionen
Wie Religionen
Ihre Protagonisten schaffen
Gedanken- und Wunschkonstruktionen die Mut machen

Vor allem dann wenn sie auf Macht verzichten
Wenn sie dichten
Nicht nur im Reich der Phantasie ist das Zusammenleben
    ein Experiment
Das unendlich viele Variationen kennt

Ohne das Prinzip Liebe keine Hoffnung
Und kein Glaube an eine Höhere Macht
Die wir Gott nennen - die uns erschaffen hat
Und uns – wenn wir an sie glauben – dankbar macht.

In der Ferne

Wieder einmal halte ich Ausschau nach positiven
    Geschichten
Sind keine in Sicht erfinde ich sie
Sie lassen sich verdichten
Mit ein wenig Phantasie

Und der Vermeidung von Nachrichten
Nur Helferin Natur hilft mir gerne
Die Jacarandablüten sind Wegweiser – nach ihnen kann
    ich mich richten
Ihre blaue Pracht leuchtet in der Ferne.

Mit sich allein

Wenn späte hilfreiche Einsichten helfen, neue Aussichten
        in Betracht zu ziehen
Ist das keine Altersweisheit
Nur mit sich und der Welt eine Form von Nachsicht
Vielleicht auch Verzicht

Auf Weitsicht
Und der damit verbundenen Intensität
Noch ist es nicht zu spät
Mit sich selbst im reinen zu sein
Einigermaßen zufrieden mit sich allein.

Zeit-Fenster

So ein Sabina-Ast ist in der Abenddämmerung wie ein
    Nachtgespenst
Mit Flügeln die schon längst
Nicht mehr zu Gespenstern gehören sondern zur
    Beruhigung

Fern von menschlichen Gräueltaten – von Kriegsspielen
Und all den Machtspielen – vielen
Wie ich euch liebe – Ihr Gespenster
Ihr seid mein Beruhigungs-Blick aus dem Zeit-Fenster.

Akzeptanz

Eine lautlose Stille erfüllt das Tal
Wir – meine Tiere und ich – genießen sie
Keine Wünsche, keine Erwartungen, nur jedes Mal
Ein Geschenk – eine Therapie

Hilfreich auf dem Langen Weg zu mir
Keine Gier
Nur die Akzeptanz einer Possibilistin:
Ich bin die, die ich bin.

Hilfreich

Ein Neues Jahr
Ein neues JA

Zu Schicksals-Zufällen
Und all den unvorhersehbaren Quellen

Die das Leben lebenswert erscheinen lassen
Von den oberen Terrassen

Ist der Blick ins Tal
Wieder einmal

Ein Blick mit Aussicht
Mit Blick ins Licht

Pinien soweit das Auge reicht
Machen die Gedanken hilfreich.

Ein Segen

Am Anfang eines Gedichts ist das Ende nicht vorhersehbar
Assoziationen bestimmen seinen Lauf
Ein Repertoire
von Erinnerungen taucht auf

Bestimmt Inhalt und Rhythmus – sucht nach Sinn
Oder Unsinn

Ist oft ein Anfang von Flucht aus einer problematischen
    Lebenssituation
Gedichte waren immer schon
Helfer auf den Lebenswegen
Poesie – Therapie – ein Segen.

Wie eine Windmühle

Wen wir die Schicksalsgunst wieder einmal in Anspruch
nehmen
Benehmen
Wir uns nicht nur zuversichtlich
Wir werden überheblich

Und freuen uns, unserem Hochgefühl Ausdruck zu
    verschaffen
Bevor wir erschlaffen

Manchmal gelingen diese Ausdrucks-Hochgefühle
Sie sind abhängig von Bewegungs-Phänomenen – in der
    Kindheit wie eine Windmühle.

Platon

Geschichten und Träume sind ebenso wichtig wie reale
    Erlebnisse
Sie sind Teil der individuellen Erlebniswelt
Lebensnotwendige Ereignisse
Unabhängig davon ob ihr Inhalt irgend jemandem gefällt

Wer liest und schreibt hat eine Lebensstrategie gefunden
Die zu allen Tages- und Nachtzeiten Hilfe anbietet
In all den Lese- und Schreibstunden
Gibt es keinen Plagegeist der eigenmächtig wütet

Auch Dichter and Philosophen bieten ihre Hilfe an
Einst befanden sie sich in einer ähnlichen Situation
Auch dann
Halfen nicht nur die Stoiker oder Platon.

Auf Erden

Hallo ihr Lieben, die ihr mich wissen lasst:
Uns gefallen deine Gedichte
Sie sind – fast
so wie unsere eigenen Lebensberichte

Mal traurig, mal heiter
Stimmungsbilder
Leider
keine Hinweisschilder

Nur Wiedergaben
Von Lebensfragen
Die manchmal durch Träume erhellt werden
So sind sie – die Lebenshilfen auf Erden.

Plagegeister

Lesehungrig zu sein hat den Vorteil, niemals satt zu werden
Auch nach üppigen Mahlzeiten bleibt der Hunger bestehen
All die verzehrten Köstlichkeiten
Lassen nur Unersättlichkeit entstehen

Da hilft nur eine Verlagerung der Gier – die neue heißt
    Schreiben
Mit zwei Süchten lassen sich wunderbar
Plagegeister vertreiben.

Schützen

Ein Beinbruch ist keine Krankheit, rede ich mir ein
Nur die psychische Verfassung braucht Krankenpflege
Und so pflege und übe ich tagaus, tagein
Geduld – und lege

Großen Wert auf Ablenkungen
Sie können ja nicht immer so absurd wie in vielen
    Nachrichten sein:
In Moskau wurde ein dreizehnjähriges Mädchen in ein
    Waisenhaus eingewiesen – sie hatte ein Anti-Kriegs-Bild
    gemalt
Auch wenn ich Beinbruch verhinderte Sturzaktion nenne,
    gibt das keinen psychischen Halt

Wäre da nicht Lesen und Dichten
Und all die wundersamen Traumgeschichten
Würde all die Krankenpflege nichts nützen
Und ganz und gar nicht vor Ungeduld schützen.

Zelebrieren

Ein Herbsttag wie gemalt
Er lässt Stimmungsbilder entstehen
Wie handgemalt, im Pinienwald
Ein jeder kann sie sehen

Der die Natur liebt
Sich, wie gerade jetzt, dem Duft von Rosmarin und
    Thymian hingibt
Inseln sind geeignete Orte um das Alleinsein zu zelebrieren
Und auch im Alter noch neue Lebensformen
    auszuprobieren.

Lebensfreuden

Gerücht

Stille im Tal
Kein Hundegebell – eine dicke Hummel umschwirrt
    die Rosmarinblüten
Wieder einmal
Wie sie summen und duften – in gegenseitigem Frieden

Wie wundersam ist diese Stille
War es ein göttlicher Wille
In der Evolution – wir wissen es nicht
bis zum nächsten Gerücht.

Wie viele

Abendstille – noch ist die Sonne nicht untergegangen
Der Salbei blüht und duftet – lockt Bienen an

Auf dem Dreschplatz sitze ich mit Stift und Papier – so als
    hätte der Tag erst angefangen
Nichts könnte schöner sein an einem Tagesende und einem
    Nacht-Anfang

Wieviele Anfänge und Enden wird es noch geben
Noch liebe ich das Leben.

In diesem Augenblick

Der Efeu hat tausende von kleinen Blüten
Die Bienen umsummen sie
Eine Natur-Symphonie
Selbst der Regen kann nicht das Konzert verbieten

Auf der überdachten Terrasse lauschen wir
Wie sie uns froh stimmt – diese sanfte Musik
In die Zisterne plätschert das Regenwasser und sorgt für
Zufriedenheits-Gefühle in diesem Augenblick.

Mit der Ahnung

Alles ist schon einmal erlebt und erzählt in den unterschied-
    lichsten Variationen
Wird es sich lohnen
Etwas hinzuzufügen
Eine Wahrheit die enthüllt und glaubt nicht zu lügen?

Was ist Lüge, was ist Wahrheit
Sie ist wie Freiheit
Bin subjektiver Zustand
Ohne Bestand

Den wir Menschen uns ersehnen
Mit der Ahnung, auch er könnte uns die Sehnsucht nehmen.

Rendezvous

Und dann war es plötzlich wieder da
Das frühkindliche Erstaunen:
Ach so ist die Welt – ein Wunder – Halleluja
All diese sogenannten Launen

Der Umwelt – der Natur
Bin ich ein winziger Teil davon
Oder nur
Teil der Tradition?

Die Suche nach dem Rätsel Dasein hält ein Leben lang an
Ist spannend, geheimnisvoll und dann
Gegen Ende überraschend sinnvoll – wie ein Experiment
Das bekennt:

Ein wenig Mut gehört schon dazu
wie zu jedem Rendezvous.

Eine kleine Weile

Die *casita* ist der ideale Rückzugsort
Nur dort
Ist der Pinienduft allgegenwärtig
Jeder Atemzug bedeutet: genau richtig

Natürlich ist das kein Dauerzustand
Dann fahren wir zum Strand
Am liebsten an den von Cala Nova
Meeresrauschen – so wie es immer war
Und das seit unendlich langen Zeiten
So könnte es noch eine Weile bleiben.

Heute

Wie geht es nach dem letzten Vers weiter
Führt der nächste Reim
Auf einer Lebens-Leiter
In neue wahrnehmbare Erlebnisse hinein

Neu ist oft nur der Rhythmus
Balladen im Gedanken-Spielraum
Überwindung von Verdruss
Ein Zwischenraum

Intensive Sinneseindrücke vom Tagesgeschehen
Gegenwarts-Lyrik ist wie Gegenwarts-Forschung
Durch Lyrik ist die Gegenwart besser zu verstehen
Manchmal ein Lied-Text – pure Erholung

Gesänge, Gebete, Zaubersprüche sind Alltags-Freude
So ein Verstag ist wieder einmal heute.

Eine Hoch-Zeit

In der *casita* zuhause zu sein
Ist ein Vergnügen
Nie bin ich allein
Die Katzen umschnurren mich – Vögel fliegen

Glücksaugenblicke unterbrechen die
melancholischen Zeiten:
Stift und Papier liegen stets griffbereit
Die Jacaranda bedankt sich mit blauer Blütenpracht für
    regelmäßiges Gießen und leuchtet von weitem
Der Mai – eine Hoch-Zeit.

Mehr

Spatzengezwitscher und Grillengesang
Der Sommer ist da
Jeder Sommer-Sonnentag-Anfang
Ist eine Hoch-Zeit – wunderbar

Ode an die Freude
Meine Lieben genießen die Finca – das Meer
So eine Lebens-Freude-Tag ist heute
Davon wollen wir mehr.

Wort-Malereien

Eine Kunst die hilft zeitweise von Trauer zu befreien
Landschaften in farbigem Licht zu sehen
Uns immer wieder einzugestehen:
Wir allein

Können einen Ausweg finden aus Seelenpein
Natur und Sprache bieten ihre unerschöpflichen Hilfs-
    mittel an
Irgendwann
Wird daraus vielleicht sogar eine Berufung – eine die auch
    anderen Mut macht
Die Lebenskraft schafft.

Mehr oder weniger selbstbewusst

Nachdem ich "Traumverloren" in Händen halte
Kehrt meine Reim-Lust zurück
Sie ist nicht neu – nur die alte
Mit Berichten vom Insel-Alltag, von Träumen, von
    Rückblick

Bis zu meinem Lebensende fröne ich dieser Lust
Antwortete meine Freundin Monika auf die journalistische
    Frage
Wie lange wollen Sie als You-tube-Oma mit Kochkünsten
    um die Welt reisen
Wir sind auch im hohen Alter mit unserer Neugier in der
    Lage

Zu beweisen
So sind und bleiben wir – auf Spurensuche – mehr oder
    weniger selbstbewusst.

Mehr

Und als das Zikadenkonzert begann
War Hitze nur eine Begleiterscheinung
Eine Kombination
Wie ein Gesang
Unter dem *Sabina*-Baum ein Therapeutikum

Der Sommer geht zu Ende
Die Gäste lieben den Strand – das Meer
Und ich denke:
Die Insel ist eine Zauberwelt – kein anderer Lebensraum
bietet mehr.

Ganz viel

Jeder Tag hat seine Tücken
Jeder Tag bringt Freud und Leid
Und dazwischen gibt es Lücken
Sie zu füllen macht glücksbereit

Ein jeder findet Lückenfüller
Manchmal sind sie winzig klein
Manchmal riesengroß und immer
Schließen sie ganz viel Hoffnung ein.

Lebenswert

Mit über achtzig Jahren längere Zeit unverdrossen zu sein
  ist erfreulich
Gäste und Freunde schätzen es sehr
Ich fahre ans Meer
Und bedanke mich für seinen Beitrag
Der jeden Tag
Einen Fernblick verspricht
Stunden ohne Pflicht
Gedanken, die wie Vögel fliegen können
Sich dazu bekennen:
Ich lebe auf einer Insel die alles bietet was das Leben
  lebenswert macht
In all seiner Pracht.

Stimmungslagen

Weil ich sowohl vom Malen als auch vom Reimen
    fasziniert bin
Habe ich mich für beides entschieden – das macht Sinn

Eine Kombination – was könnte schöner sein
Ein Bild aus Worten wird zu einem Reim

Immer vorhanden ist Stift, Papier und Phantasie
Auch die Katzen fehlen nie

Ihr Schnurren begleitet, inspiriert
Verführt

Zu immer neuen Wortmalereien und ähnlichen Bildern
Die Szenen aus Gegenwart und Vergangenheit schildern

Musik liegt in der Luft
Durch die offene Terrassentür strömt Frühlingsduft

So sind sie, die Frühlings-Stimmungslagen
Ich muss mich nur trauen und Kombinationen wagen.

Lebensfragen

Kurkuma ist ein Stimmungsaufheller
Ein Geschmacksverstärker, der intensiviert und erhellt
Was um alles in der Welt
Könnte hilfreicher sein fürs Gemüt und auf dem Teller

Und so sorgt er in der Gemüsesuppe nicht nur für einen
    zufriedenen Magen
Sondern reduziert auch unerfreuliche Lebensfragen
Ich sollte mich in Zukunft mehr mit Gewürzen als mit
    Philosophie befassen
Das würde auch besser zu dem verwilderten Garten und
    seinen duftenden Sträuchern passen

Sichtbar

Auf dem Weg zum Meer
Waren die Gedanken schon immer Meer-ähnlich
Jenseits des Horizonts gibt es noch mehr
Unendlichkeit

Freiheit
Blick ins Licht
Die Natur breitet ihre Geheimnisse, ihre Schätze aus
Blütenduft umweht den Weg – das Holzhaus

Wer oder was verursacht diese Wunder
Sichtbar geht vor allem das Sonnenwunder auf und unter.

Zum Dichten

Wenn jemand aus dem Fan-Club mich wissen lässt
Deine Gedichte gefallen mir nicht nur, sie machen Mut
Tut das nicht nur gut
Es vertreibt den Rest

Der Tages-Melancholie
Selbstbefriedigung nenne ich das
Und vergesse nie:
Befriedigung macht Spaß

Im sogenannten Beichtspiegel als Kind war es eine Sünde
Keine Todsünde mit der man ohne Vergebung im
    Beichtstuhl in die Hölle kam
Wie einfach es ist, Schuldgefühle zu wecken bei einem
    Kinde
Die heutigen Sünden bestraft nicht der liebe Gott sondern
    der Staat, der ist ebenfalls nicht lieb, eher arm

Die Himmel- und Hölle-Geschichten
Erspare ich meinen Enkelinnen und ermutige sie
    zum Dichten.

Entscheiden

Nachdem mir das Traumleben in der Nacht
Besser gefallen hat als das reale
Bin ich gut gelaunt aufgewacht
Vergesse jedoch nicht, dass es Alpträume gibt – fatale

Die, wie Gedanken und Erlebnisse in der Wirklichkeit,
    Melancholie und Trauer verbreiten
Was philosophische Schwarzseher zu der These verführt:
    Leben heißt Leiden
Dann flüchte ich lieber nach dem Aufwachen ans Meer
An meinen Lieblingsstrand, in der Früh noch menschenleer

Rückzugsorte und -Philosophien findet ein jeder in
    schweren Zeiten
Täglich bietet sich Gelegenheit sich gegen Selbstmitleid
    und für Lebensfreude zu entscheiden.

Ohne End

Wieder einmal macht Regen gute Laune
Ich sitze in der *casita* und staune

So beglückt der August-Regen seine Lieben
All die Pinien und Pflanzen können gar nicht genug
    davon kriegen

Die Zikaden verstummen zwar
Weil für sie knallige Sonne schöner war
Wie es – fast musikalisch – knistert – duftend
Ohne End.

Herbst-Sonnenschein

Ein Reim macht froh
Er beinhaltet Musik
Und so
Versiegt

Langsam die Traurigkeit
Neue Lebensenergie schleicht sich ein
Denn weit und breit
Schimmert und glänzt es – im Herbst-Sonnenschein.

Auf Erden

Ein Oktobertag in all seiner Pracht
Blüten, Düfte – Wunder der Natur
Alles was Wohlbefinden schafft
Genuss pur

Einatmen – Hinschauen
Den Sinnen vertrauen
Statt Zikaden-Konzerte gibt es jetzt Spatzen-Gezeter
Ein jeder

Kommuniziert auf seine Weise
Mal laut mal leise
Lebensfreude will mitgeteilt werden
Wird in allen Sprachen verstanden – die musikalische ist
    die beliebteste auf Erden.

Vertrauensseligkeit

Natur und Tiere – eine Wunderwelt
Unter dem Feigenbaum sitzend wie in einem licht-
    durchlässigen Zelt
Nichts könnte schöner sein – an einem Tag wie heute
Es duftet und summt – die reinste Freude

Freudengedichte statt Klagelieder
Sie immer wieder
Festzuhalten ist wie Gelassenheit
Auch die braucht ganz viel Zeit und Vertrauensseligkeit.

Melancholie

Nicht heute oder morgen

Wenn ein macht- und kriegslüsterner Diktator wieder
    einmal meint
Alle, die nicht seiner Meinung sind in Angst und Schrecken
    versetzen zu können, scheint
Er zunächst Erfolg zu haben
Doch wie die Geschichte zeigt, beschert der Krieg

Auch dem Macht-Gierigsten keinen Dauersieg
Dann geht es Herrn Putin an den Kragen
Nicht heute oder morgen
Spätestens aber wenn sein Volk auf die Straße geht
    und fragt:
Für wen oder was sind Abertausende unserer Väter und
    Söhne gestorben?

Auf Dauer

Warum ein einzelner Diktator einen ganzen Kontinent
    in Angst und Schrecken versetzen kann
Wissen wir nicht
Aber auch Putins Macht wird enden und dann
Wird eine zeitlang Frieden herrschen, meint ein Optimist
Der glaubt, dass der Mensch ein guter ist

Die nicht so Gutgläubigen schauen in die Vergangenheit
    zurück und denken
Die Nach-Putins liegen schon auf der Lauer
Nichts langweilt Unzufriedene mehr als Frieden auf Dauer.

Privilegiert

Das vorherrschende Gefühl ist Melancholie
Gepaart mit Phantasie

Lässt sie sich beschreiben
Ohne zu leiden

Wie beruhigend fühlt sich der Meeresblick an
Am Horizont blinken dann und wann

Lichter – könnte es die Barcelona-Fähre sein
Wir – in der Strandbar sind nicht allein

Mit unseren Dankbarkeitsgefühlen
und all den vielen

Erinnerungen und Assoziationen
Auf einer der schönsten Inseln zu wohnen
Bedeutet privilegiert zu sein.

Melancholie

Neugierig auf den Tag zu sein
ist ein gutes Gefühl
Keine Erwartungen – ein Hauch von Gelassenheit
mit ganz viel

Zuversicht
Wie der *cilantro** duftet im Morgenlicht
Ein Lesetag – Biblio-Therapie
vermindert die Melancholie.

*Koriander

Innehalten

Und dann hat sich die Melancholie schon wieder
    ausgebreitet
Sie verleitet
Zu ausgedehnten Wanderungen im Gedanken-Labyrinth
Immer wieder stellt das unwissende Kind

Fragen nach Himmel und Hölle
Der Quelle
All der Lebens-Wunder-Macht
Dem angeblichen Weiterleben nach dem Tod

Nach einem allmächtigen christlichen Gott
Der das alles erschaffen hat
So ist es, das Alter – es stellt die gleichen Fragen wie Kinder
    ohne eine befriedigende Antwort zu erhalten
Melancholie ist ein
Frage-Zustand – ein Innehalten.

Genuss

Jeder Tag ist kostbar
Bei einem Blick in den Pinienwald wird klar:

So soll es eine Weile bleiben
Ausblicke vertreiben

Die Melancholie
Ohne sie

Ist der Alltag ein Genuss
Kein Verdruss.

Von Trübsal befreien

"Wortmalereien" ist ein schöner Titel – nicht nur in
Alltags-Gefahren
Um ihnen Farbe zu verleihen
Und mich über den Sonnenaufgang zu freuen
Müsste ich ans Meer fahren

Was zur Zeit beschwerlich ist – am Strand lauern
    Stolpersteine
Und *café con leche* in der Lieblingsbar gibt es noch keinen
Also sitze ich auf dem Dreschplatz und male
Worte ins Tal

Wieder einmal
Helfen die Malereien
Mich von Traurigkeit zu befreien
Die Skizzen machen sich schon auf den Weg – noch nenne
    ich sie Malereien
Zu einem Bild werden sie erst wenn sie von Trübsal
    befreien.

Rückgabe

Alle Geschenke zurückgeben zu müssen, die das Schicksal
    am Lebensanfang einmal zur Verfügung stellte
Ist kein leichtes Unternehmen
Sich von vorteilhaften äußeren Erscheinungsmerkmalen
    zu trennen
Fällt schwer

Auf das wunderbare Gedächtnis zu verzichten geht mit
    Wehmut daher
Brille, Hörgerät und Krücken müssen stets griffbereit sein
Die übrigen Behelfsteile füllen Schubladen und Schränke
Bis auch diese Hilfsgegenstände
Entsorgt werden

Wie und warum wir weiterleben wollen auf Erden
Bleibt rätselhaft
Erinnerungen und Liebe geben uns die Kraft
Das Leben selbst ist ein Geschenk das uns lehrt: Zusätzliche
    Schicksals-Geschenke
Müssen zurückgegeben werden.

Dankbarkeit

Die Zeit die noch bleibt

Wenn ich mir Gute-Nacht sage schleicht sich oft ein
    Einschlaf-Wunsch ein
Ein Schöner Traum – das wäre fein
Doch den Traum-Geistern scheinen ständige Wünsche
    lästig zu sein
Sie schicken mir einen Alptraum – einen, in dem ich den
    richtigen Weg wieder nicht finde

Ich verstehe, ist ja nicht schwer zu deuten
Zum Glück treffe ich auf der Suche meine liebste
    Freundin Gerlinde
Und wir erzählen uns die kleinen Freuden
Die der Tag uns bescherte

Der uns lehrte:
Dankbar zu sein für die Zeit
Die noch bleibt.

Verbleibende Zeit

Beständig zwingt das Schicksal seine Alten
Die einmal verliehenen Lebensgeschenke zurückzugeben
Sie bis ans Ende zu behalten
War niemals selbstverständlich – dankbar darum zu beten

Hatte das Menschenkind im Laufe des langen Lebens
    vergessen
„Geschenke fordert man nicht zurück" lautete ein Gebot
    von denen die nach Weisheit streben
Nun war es zu spät – Gesundheit, Schönheit etcetera
    stand auf der Rückgabeliste
Freier Wille hin oder her
Nach einem langen Leben gibt es ihn nicht mehr
Was bleibt ist späte Dankbarkeit
Für die noch verbleibende Zeit.

Nicht weit

So ein Sommertag in all seiner Pracht
ist nur dann ein Glückstag, wenn man ihn dazu macht

Intensive Gefühle von nächtlichen Träumen sind noch
    teilweise vorhanden
Welche Geschichte interessiert mich mehr
Seltsamerweise die, die wieder einmal nach dem verlorenen
    Weg sucht – im Dunkeln, in den Anden
Was interessieren mich die Anden, ich liebe das Meer

Also greife ich nach der Strandtasche und begebe mich
    auf den Weg zur blauen Unendlichkeit
Wie dankbar ich bin, denn er Ist nicht mehr weit.

Lebens-Gunst

Ein Regentag im August
Was für ein Vergnügen
Was für eine Lust
Wie sich all die Blüten und Blätter räkeln und die Katzen
    in den feuchten Fichtennadeln liegen

Wie sich die Zweige der *Sabina*-Bäume sanft bewegen
So als würden sie sich bedanken für den August-Regen

Wir alle bedanken uns
für die Lebens-Gunst.

An diese Zeiten

Mit sich im Reinen ist jeder nur dann
wenn er auf Schuldzuweisungen verzichten kann
Und statt Anklagen Lebensveränderungen schafft
Manchmal stellt diese oft nicht vorhandene Kraft

Eine Freundschaft infrage – eine Frage der Schuld ist
    es selten
Auseinanderleben bedeutet Leben in verschiedenen Welten
Die Erinnerungen an die langen Jahre des gegenseitigen
    Verstehens bleiben
Dankbarkeit Ist jetzt das wundervolle Gefühl an
    diese Zeiten.

Vogelfrei

Schicksals-Gunst
und Lebens-Kunst

Teilzuhaben an der Kombination
Ist lange schon

Ein Geschenk das dankbar macht
Und Lebenssituationen schafft

Die sich lohnen, verdichtet zu werden
All die Dichter auf Erden

Tragen dazu bei
Dass die Lust am Verdichten nie vergeht
Dass sie weiter besteht
Denn sie macht vogelfrei.

In den Süden

Insel-Winter-Gedanken der besonderen Art
Unter dem blauen Himmel der Gegenwart

Der lässt Reime entstehen
Die weiter bestehen oder verwehen

Und angenehme Erinnerungen hinterlassen
Wie die an all die Kindheits-Gassen

Im Hunsrück-Daheim
Das verantwortlich ist für die Vorliebe: Reim

Bei all den Lebensgeschichten
Die zuständig sind für das Verdichten

Und die Dankbarkeit für dieses Insel-Dasein
Das hilft, in Reimen auf der Suche zu sein.

Jede Zeile

Auch dann
Wenn kein Anlass zum Reimen besteht
Greife ich zum Stift und fange einfach an
Damit das Tagesgeschehen erfreulich weitergeht

Nicht nur die Wolken wandern
Auch die Stimmungen verlassen ihre Bahnen
Ohne Ankündigung vereinen sie sich mit all den andern
Sinnsuchenden – lebensbejahenden

Noch eine kleine Weile
Dankbarkeit begleitet jede Zeile.

Geschichten

Die erfreulichste Gegenwart ist zur Zeit der Traum
Wenn ich ihn beim Einschlafen erbitte scheinen es die
    Traum-Geister dann nicht
Übers Herz zu bringen, ihn zu verwehren
Sie braucht gerade ermutigende Geschichten – also wollen
    wir sie ihr gewähren

Schon beim Aufwachen habe ich gute Laune
Ich spüre und bestaune
Die Wunscherfüllung
Danke ihr Helfer für de Tagesbereicherung

Sie hilft beim Dichten
Mit all ihren – zum Teil – surrealistischen Geschichten.

Zeitvertreib

Da ich altmodische Worte liebe taucht natürlich immer
    ein entsprechend originelles auf
Dann halte ich es fest und eine Assoziation wartet nur darauf
Auf dem weißen Blatt Papier zu erscheinen
Sie meint: Ich bin deine Lebensbegleiterin

Meine Einmischung nacht Sinn
Und verführt zu Reimen
Die wiederum helfen, den Alltag spannend zu machen
Sprache Ist nicht nur eine Voraussetzung für Lachen

Sie wurde uns von der göttlichen Allmacht   geschenkt
Und lenkt
Viele ausweglosen Situationen
Zu friedvollen Diskussionen

Manchmal auch nicht
Ausprobieren ist Pflicht
Oft werden sie Kunst
Dann nenne ich sie Schicksals-Gunst

Und nehme sie dankbar an

Wenn ich es kann
Wenn nicht ist es wie in der Kindheit:
Ein Zeitvertreib.

Wonnetrunken

Wunschlos zu sein ist ein ungewöhnlicher Zustand
Hin und wieder sehne ich mich nach der Wunschzeit zurück
Sie war eine Zeit in jenem Land
Das man Jugend nennt – kein Blick zurück

Zukunft war das Zauberwort
Dort schien das Loben lebenswert
Dort bedeuteten Wunschträume erfolgversprechend
und es wert

Den Tag zu bestimmen
Ihn mit Erwartungen zu beginnen
Heute versuche ich keine Wünsche zu haben die nicht
    zu verwirklichen sind
Mit anderen Worten: So ein altes Menschenkind

Ist dankbar für die Zeit – in Freud und Leid die noch bleibt
Und hat ein Zuhause gefunden
Mitten in der Natur, selbstbestimmt, unmoderne Worte
    liebend – wie wonnetrunken.

Sichtbar

Ein zweiter Regentag während der August-Hitze
Pool und obere Zisterne sind prall gefüllt
Jede Ritze
Strömt Lebenskraft aus und hüllt

Das Tal
In eine Duftwolke ein – phänomenal
Voller Dankbarkeit betrachte ich das Naturgeschehen
    und lasse mich ebenfalls begießen
Schaue auf die Bougainville-Blüten die sichtbar sprießen.

Ewigkeit

Sinnieren funktioniert besser als meditieren
Heißt mehr nach Sinn suchen, weniger reflektieren
In der Schreibecke zu hocken
Und Reime anzulocken

Lässt die Gedanken auf Wanderschaft gehen
Macht sie fühlbar – lässt Geschichten entstehen

Ein Rhythmus stellt sich ein
Von ganz allein
Musik liegt in der Luft
Herbstblüten verbreiten intensiven Duft

Und wieder einmal ist das vorherrschende Gefühl
    Dankbarkeit
Jeder Augenblick ist kostbar and verlängert die Zeit vor
    der jenseitigen Ewigkeit.

Lebenskraft

Mitten im Pinienwald leben zu dürfen bedeutet Schicksals-
Gunst
Ist wie Kunst
Die dazu beiträgt, in schweren Zeiten nicht den Mut
zu verlieren
Und sich auf die Überlebensfähigkeiten zu konzentrieren

Ein jeder hat dieses Talent
Ein jeder kennt
Etwas an sich selbst was er gut macht
Etwas zu schaffen, was auch anderen gefällt bedeutet
Lebenskraft.

Lieblingsdichter

Melancholie-Tage

Wird es ein Tagebuch-Eintrag
Oder nur ein Wortspiel
So ein früher November-Tag
Verführt nicht zu viel
Fantasie

Nur der Anblick der zufriedenen Katzen stimmt fröhlich
Und so suche ich mir ein gemütliches Plätzchen in der
    casita – ich
Könnte auch ans Meer fahren

Oder wahllos in den ungelesenen Bücherstapel greifen
Interessante Gedanken unterstreichen
Waren das nicht immer die schönsten Alltagsstunden
Heute ist wieder einmal einer der Melancholie-Tage

Aus denen habe ich doch immer einen Ausweg gefunden
Doch fest steht: Das Alter ist eine Plage
Ein Massaker nennt es Philip Roth
Trotz der Schicksals-Gunst schreiben zu können – bis
    zum Tod.

Con ánimo

Erst Paula Ludwig erweckte neue Lust aus Träumen
    surrealistische Geschichten zu machen
Sie werden mir erzählt
Von den Traum-Geistern – sie haben mich auserwählt
Bringen mich zum Lachen

Kurzgeschichten aufzuschreiben ohne nachzudenken
Bereitet Vergnügen
Die Aufmerksamkeit darauf zu lenken
Heißt Kurz-Prosa zu lieben

Nun sammele ich die, die mir gefallen
Suche nach einem passenden Titel und einem schönen
    Bild als *cover* von Tamara
Und schaue wieder einmal mit Wohlgefallen
in die kleinen Kataloge meiner Freundin – *con
ánimo.**

*Mit Mut

Wir bauen

Als Possibilistin entscheide ich mich wieder einmal für
    den Mittelweg
Nach Alexander Kluge ist „in Gefahr und großer Not der
    Mittelweg der Tod"
In großer Not scheine ich noch nicht zu sein
Auf dem Mittelweg bin ich außerdem nicht allein

Ich treffe bekannte Geister
Auch sie waren Meister
Jedenfalls eine Weile
Manche schrieben keine einzige Zeile

Ihre Musik oder ihre Bilder schenken den Menschen
    Mut und Vertrauen
Kunst ist ein Fels – auf den können wir bauen.

Ehegattinnen

Wenn Alfonsina Storni ihre intelligenten und kritischen
    Gesellschaftsbetrachtungen verdichtet
Bin ich begeistert von ihrer Lebenssicht
Schon vor hundert Jahren war sie es die berichtet
So ist die Wahrnehmung:
Abhängig von Mut, Eigenwilligkeit und reichlich
    Boshaftigkeit
Sie beflügelt das Fliegen
Und ist Voraussetzung für die, die Freiheit lieben
So sind sie, die Alfonsina-Anhängerinnen
Sie sind keine angepassten Ehegattinnen.

Das lässt hoffen

"Nur was man einfach sagen kann ist wahr"*
Wenn wir uns die Zeit nehmen, Dinge wahr zu nehmen
    die glücken
Besteht weniger die Gefahr
Pessimistisch in die Zukunft zu blicken

Als Possibilistin beziehe ich mich auf Hans Rosling,
    der bewiesen hat in „Factfulness":
Das meiste in der Menschheitsgeschichte entwickelte sich
    positiv – trotz Kriegen und Katastrophen
Das lässt hoffen
Und findet immer wieder statt.

*Ferdinand von Schirach

In Sicht

Und dann erscheinen die Klage-Geister
Ich versuche sie zu vertreiben mit „Geister der Gegenwart"
Philosophen sind hilfreiche Meister
Mit ihrer Art

Die Sinn-Suche zu zelebrieren
Eigene Lebensphilosophien auszuprobieren
Sie mit gleichgesinnten zu diskutieren
Der Philosophie einen Ausdruck zu geben
Der Lebenshilfe verspricht
„Zeit der Zauberer"* ist immer wieder in Sicht.

*Philosoph Wolfram Eilenberger

Festhalten

Manchmal lese ich mit dem Stift in der Hand
Gute Zitate steigern das Lesevergnügen
Verführen allerdings auch zu Kommentaren am Buch-
    Seitenrand
Eine Unsitte – manchmal kann ich sie besiegen

Indem ich sie verdichte – was zusätzlich Freude macht
Speziell in der Nacht
Wenn böse Geister lauern
Und dazu verführen, sich selbst zu bedauern

Lesen und schreiben hilft immer
einem zeitweise wehleidigen Frauenzimmer
„Lesen und Schreiben sind eine Form die Liebe
    festzuhalten".*

*Alison Louise Kennedy

Unendlichkeit

Wenn die Gedanken sichtbar werden und mit den
    Empfindungen einen Pakt schließen
Entstehen die Verdichtungen, die Im Rhythmus tanzen
    und fließen

Erwartungen gleiten dahin
Nur die Gegenwart macht Sinn
Lässt die Zeit stillstehen
Wünsche vergehen

Oder werden zu Phantasien
Schweben mit den Wolkenbildern, die sich verwandelnd
    entfliehen
Verheißen
Oder beweisen

Das Leben ist ein Wunder, besteht in alle Ewigkeit
Ohne Glauben an eine Höhere Macht ist er nicht zu
    verstehen – der Begriff Unendlichkeit
Wissenschaftlich gibt es keinen Beweis für die Existenz: Gott
Der das Leben erschaffen hat und den Tod

Selbst Darwin sagte: „Ich war nie Atheist, Agnostiker ist die
    treffendste Bezeichnung für meine Geisteshaltung".

Ein Verdacht

Es gibt „erfolgreiches Scheitern und grauenhaften Erfolg"
Las ich irgendwann einmal
Dazwischen fühle ich mich zuhause
Als Außenseiterin in der Überzahl

Wie einst auf dem Schulhof in der Pause
Die Pause ist jetzt eine Insel im Mittelmeer
Ein Sehnsuchtsort
Was will ich mehr

Nur dort
Ist: „Nur in Gefahr und großer Not der Mittelweg der Tod"*
Noch ziehe ich ihn täglich nur in Betracht
Doch dann – in der Nacht – ist er mehr als ein Verdacht.

* Alexander Kluge

Denkweite

„Sprachkürze erzeugt Denkweite"
Denkweise zu verdichten verführt zu Sprachspielen
Und all den vielen
Damit verbundenen übereinstimmenden Gefühlen

Wir nennen sie auch Träume
Was macht unser Bewusstsein in diesem Daseinszustand
Und wohin vertreibt es den Verstand
Warum erfindet es unbekannte Lebensformen und -Träume?

Gottähnliche Wesen
Oder die Kunst, Sternbilder zu deuten oder zu lesen.

* Jean Paul

Entkommen

Heutzutage altmodisch zu sein
Ist ein wahres Vergnügen
Ausdruck – unter anderem – ist der Reim
Den auch Neumodische lieben

Assoziationen, Rhythmus
Einmal begonnen ist er unaufhaltsam
Wird Teil eines Zauberspruchs wie
Hokuspokus Fidibus

Einprägsam – wundersam
Ein aus der Kindheit gerettetes Sprachspiel
Ohne Ziel – oft auch skurril

„In Hamburg gab es zwei Ameisen
die wollten nach Australien reisen
In Altona auf der Chaussee da taten ihnen die Beine weh
Und da verzichteten sie weise dann auf den letzten Teil
    der Reise".*

Vielleicht hat meine Enkelin diese Vorliebe übernommen
Sie hilft, traurigen Stimmungen zu entkommen.

* Joachim Ringelnatz

Im Pinienwald

Wieder einmal fliegt ein Löschflugzeug über die *casita*
Ich bin von Pinienwald umgeben und lebe gefährlich
Nur ein *camino** führt ins Tal
Ist der blockiert, ist kein Ausweg in Sicht

Trotzdem lebe ich nicht ausweglos
Positive Gedanken fallen mir zwar nicht in den Schoß
Doch von Seneca und Montaigne leihe ich sie mir aus
Wer darf schon in einem Pinienwald leben – in einem
   Holzhaus?

*Feldweg

166

Wortmalerin

Ein Lesetag ist wie ein Feiertag
Keine Arbeit, nur Vergnügen
Heute geht es um das Leben und Weiterleben der Alfonsina
    Storni eine meiner Lieblingsdichterinnen
Eine spannend erzählte Lebensgeschichte von Hildegard
    Keller

Eine Autorin, die ebenfalls zu meinem Lesevergnügungen
    beiträgt
Zum Maulhelden-Verlag würde ich schon gerne
    dazugehören
Leider bin ich keine Heldin, nur eine Wortmalerin.

Verstecken

Immer wieder scheint es vorzukommen, dass Menschen,
   die im Gefängnis waren, das erste Mal Freude am Lesen
   und Schreiben entdeckten
Vor Schuldgeständnissen nicht mehr zurückschreckten
Und dann selbst schreiben
Sie lernten, die Macht der Worte zu lieben

Die ihnen half nachzudenken
Den Weg der Straftaten zu verlassen, um anderen
   Straftätern Geschichten zu schenken
Wie zum Beispiel Peter Paulzahl, der schrieb um die
   Gefängniszeit zu überstehen
Mit seinen Geschichten konnte er Mitgefangene dazu
   bewegen sich selbst und die Welt besser zu verstehen

Sogar Schreibverlangen zu wecken
Statt sich hinter Straftaten zu verstecken.

Wer sich an dem freut was er hat

Wenn mir das berühmte Zitat von Epiktet wieder einmal
    ins Auge fällt
Werde ich ein wenig überheblich und denke:
So ist sie im Alter – die Gedankenwelt
Sie beinhaltet philosophische Erkenntnis-Geschenke

Inzwischen kann ich sie annehmen – mich dafür bedanken
Sie mit meiner liebsten Freundin teilen – diskutieren
Unzählige intensive Gespräche ranken
Sich um all das damit verbundene Philosophieren

Bis wir mit Epiktet übereinstimmen, mit dem was er
    erkannt hat:
„Weise ist wer nicht bedauert, was er nicht hat
Sondern wer sich an dem freut, was er hat".

Willkommensgruß

Morgendliche Gedanken zu Versen zu machen macht
    gelassen
Es sind Assoziationen
Und befassen sich mit dem was den kommenden Tag
    erhellt – Licht, fast greifbar, zum Anfassen
Nach den nächtlichen dunklen Geister-Aktionen

Die sich nicht lohnen
Festgehalten zu werden, wie sagt A.L. Kennedy:
„Lesen und Schreiben sind eine Form der Liebe"
Erzeugen Tages-Mut
Vertreiben Schreckensgedanken an zur Zeit zwei furchtbare
    Kriege

Sind absolut
Ein Willkommensgruß für den Tag
Auch wenn noch unbekannt ist was er bringen oder
    wegnehmen mag.

Befreiungs-Illusion

Als bibliotherapeutische Befreiungsaktion bezeichnet
    Andrea Gerk das Lesen
Eine unersättliche Leserin ist neugierig
Immer schon gewesen
Sie wird frei und unabhängig

Wer liest der schreibt
Ebenfalls eine Aktion
Die befreit
Nicht immer – manchmal ist sie nur eine Befreiungs-
    Illusion.

Wichtiger

Sich mit Jorge Luis Borges zu beschäftigen tut gut
Seine Lyrik macht Mut

Blindheit zu ertragen
Und immer wieder neue Gedichte und Erzählungen
    zu wagen

Heißt Lebens-Energie
Ich liebe sie

Vielleicht nehmen sie mich einmal auf in ihren Club
    der toten Dichter
Dazu zu gehören ist ein Wunsch – ein wichtiger.

Frauenzimmer

Das Frauenzimmer

Ein Frauenzimmer – früher frech
hat manchmal bei der Wortwahl Pech

Dann will es sie richtig stellen
Jedoch, es weiß aus missglückten Fällen

Wer einmal keck war bleibt es immer
Auch wenn es einsichtiger geworden ist – das
    Frauenzimmer.

Noch immer

Von selbstbewussten Frauenzimmern stets umgeben
Ließ es sich auch in schwierigen Zeiten ganz gut leben

Oma und Mama nahmen kein Blatt vor den Mund,
    wie Oma das nannte
Deren Vorliebe für drastische Redewendungen ein
    jeder kannte

Mir sind ihre liebenswerten in Erinnerung geblieben:
    "dat Kind is widerborstisch un wäß wat it will"
Selten äußerte sie ihre Meinung bescheiden und still.

Auf Erden

Will ich mir selbst eine Freude bereiten
Greife ich zu Stift und Papier
Ich erzähle mir Geschichten aus alten Zeiten
Und sage mir

Vielleicht habe ich sie ein wenig verwandelt
Im Laufe der Jahre ist das gut möglich
Die Hauptsache, es handelt
Sich um Erlebnisse in denen ich

Einen Ausweg fand aus all den Lebenskrisen
Sie ließen
Mich zu einer Einsiedlerin werden
Die wie Selma Lagerlöff erkannt hat:
„Wer mit sich selbst in Frieden leben will, muss sich so
     akzeptieren wie er ist"
Manchmal braucht man dazu ein langes Leben auf Erden.

Und immer wieder

Berichte von mutigen Frauen zu lesen – mitten in der Nacht
Ist ein Lesevergnügen der besonderen Art und macht

Die Nacht zum Tag – an Schlaf ist nicht zu denken, nur an
 weiter lesen – weiter wachen
Mutig zu sein, das heißt Spuren hinterlassen – Spuren die
 auch nicht ganz so Mutigen Mut machen

Und die ihrerseits inspirieren
Zum Mutig-Sein verführen

Eine endlose Geschichte
Und immer wieder werden daraus Gedichte.

Segen

Wie mutig sie waren
Die Frauen vor hundert Jahren

Alfonsina Storni war eine von ihnen – eine Mutmacherin
Mit Eigensinn.

Ihre Gedichte waren ihre Waffen
Die noch heute Mut schaffen – und aus ihrer Poesie
    Songs machen

Sie liebte das Leben und nahm sich das Recht, es zu
    beenden
Als eine unheilbare Krankheit ihr die Möglichkeit nahm,
    ihr Lebenswerk zu vollenden

Die Macht der Worte
Schafft auf der ganzen Welt Orte

An denen Mutmacherinnen wirken und leben
Mut bringt Segen.

Unsinn

Aus Gedanken einen Reim zu machen ist keine Kunst
Jedes Kind beherrscht sie
Je nach Phantasie
und Lebens-Gunst

Spielen heißt lernen, heißt schaffen
Manchmal geht die Nicht-Kunst verloren – wird
    wiederentdeckt
Ob sie erfreut oder erschreckt
Das bestimmst du – du allein bist deine Lebensbewältigerin
Nicht nur Disziplin
Auch Unsinn macht Sinn.

Verlieren

Frauenzimmer ist eine Bezeichnung für eine Frau die ein
    Zimmer
Ganz für sich allein hat
An einem Ort an dem immer
Sie allein das Sagen hat

Nicht nur das Sagen sondern auch das Schreiben
Zu Zeiten
Der Gedanken-Spiele ist Schreiben eine Tat
Eine, die viele
Erfreulichen Folgen hat

Oder nur die eine: Mit ihrer Hilfe das Leben zu gestalten
Unabhängig von all dem alten
Glückssehnen
Sie sind die, die sich das Recht nehmen

Gegen männliche Vorherrschaft zu protestieren
Und wissen: das Patriarchat wird langfristig verlieren.

Verführungen

Daseinsprinzip

Manchmal möchte ich ein Buch lesen weil es einen
    poetischen Titel hat: „Als lebten wir in einem
    barmherzigen Land"
Ganz überzeugt war ich dann doch nicht von all den
    Rumpelstilzchen-Beschreibungen

Lesen ist wie schreiben
Entweder es fesselt oder es zieht sich endlos dahin

Vielleicht gehören deshalb Gedichte zu meinem
    Lesevergnügen – mit und ohne Tiefsinn
Sie meiden
Langatmigkeit und verführen durch ihren Rhythmus
    zur Musik
Rhythmus ist ihr Daseinsprinzip.

Wortmalereien

Weil ich sowohl vom Malen als auch vom Reimen
    fasziniert bin
Habe ich mich für beides entschieden, das macht Sinn
Eine Kombination – was könnte schöner sein
Ein Bild aus Worten wird zu einem Reim

Immer vorhanden ist Stift, Papier und Phantasie
Auch die Katzen fehlen nie
Ihr Schnurren begleitet, inspiriert
Verführt

Zu immer neuen Bildern
Die Szenen aus Gegenwart und Vergangenheit schildern
Musik liegt in der Luft
Durch die offene Terrassentür strömt Salbei-Duft

So sind sie – die Stimmungslagen
Man muss sich trauen und Kombinationen wagen.

Hochgenuss

Feigen sind ein köstlicher Brotbelag
Die Kombination ist ideal

Heute ist ein Feigentag
Drei mal täglich ein Feigenmahl

Selbstgekochte Marmelade ein Hochgenuss
Fast wie ein Kuss.

Gedanken-Spaziergänge

Antworten

Auf den Blüten tummeln sich die Bienen
Ein Paradies – so erscheint es ihnen
Einst lebten auch wir in paradiesischen Zeiten
Erkläre ich meinen Enkelkindern

Wer oder was hat uns vertrieben, fragen sie mit
    neugierigen Mienen
War es bei den Dinosauriern damals
Als
Es nichts mehr zu essen gab
Oder als die Sintflut kam – ein Massengrab

Wenn wir das wüssten
Müssten
Wir nicht so viele Märchen erfinden – wir Erwachsene
    nennen sie Wissenschaft oder Religion
Wenn ihr einmal groß seid, erfahrt ihr das schon

Und vielleicht entdeckt ihr dann euer eigenes Paradies –
    das existiert an vielen Orten
Und gibt auf viele Fragen Antworten.

Beruhigend

Wen interessieren schon Gedanken einer Eremitin im
    Pinienwald mit ihren
Fragen, die sich fast alle Lebewesen stellen
Jeder, ob jung oder alt lässt sich von Wortspielen verführen
Es ist wie das Schaukeln auf Meereswellen

Unendlichkeit – oben und unten
Dazwischen das kleine ICH
Mit all seinen bunten
Phantasien über die Welt – über sich

Klitzekleine Bausteine im Lebenslabyrinth
Die sind
Lebenserhaltend
Und am End beruhigend.

Haut und Haar

Inzwischen spricht man in der Astronomie nicht mehr von
  einem Universum sondern von Multiversen
Ein Versuch, Unendlichkeit zu definieren
Was nicht gelingt – Vorstellung und Sprache sind nur
  ein Philosophicum
Wir probieren

Zu begreifen was es heißt: ohne Anfang und ohne Ende –
  Ewigkeit
Was bedeutet das Phänomen Zeit
Die es nicht gibt im Multiversum – dass dort Lebewesen
  existieren ist vorstellbar
Nur – haben sie auch Haut und Haar?

Illusionen

Gedankenspiele
gibt es viele

Sie in Worte zu verwandeln
Heißt meist, sie handeln

Von Assoziationen – von Reimen
Sind manchmal komisch und meinen

Wir sehen den Alltag gerne surrealistisch
Auch fantastisch

Was immer uns durch den Sinn geht
Es besteht

Oft aus subjektiven Wahrnehmungen, Abstraktionen
Und vielen Illusionen.

Nie

Als Wort-Malerin male ich Gedanken-Bilder
Immer wieder neu mit all den Assoziationen
Ich schaue auf bekannte Hinweisschilder
und weiß, es wird sich lohnen

Ihnen zu folgen in die Welt der Phantasie
Dort finde ich ein Daheim
Und richte mich ein
Vorübergehend – mit all den Tieren – allein bin ich nie.

Bekannt

Wieder einmal hat die *Morning-Glory* einen kleinen
Sabina-Baum umschlungen
Umschlungen zu werden kann tödlich sein
Schließt Festhalte-Sucht des Umschlingers ein
Ist von Macht durchdrungen

Der *Mornig-Glory* biete ich einen anderen Halt an
Den umklammert sie jetzt
Ich liebe ihre blaue Blütenpracht doch dann und wann
Muss ich ihr das Umschlingen verbieten – es lässt den
    Umschlungenen keinen Lebensraum – hält sich nur fest

Das Phänomen ist bekannt
In engen Zweierbeziehungen wird es fälschlicherweise
    auch Liebe genannt.

Hoffnungsschimmer

Vor der *casita* zu hocken
Und Reime anzulocken

Ist ein Vergnügen, das ich mir immer wieder beschere
Hallo, Ihr Traumgeister, ich habe die Ehre

Mit euch in die Phantasiewelt zu entfliehen
Erfreulicher als schuldbeladen in christlichen Kirchen
    zu knien

Welche Religion suchen wir uns aus oder wird uns vererbt
Jede die lehrt

Eine Höhere Macht anzuerkennen ist uns willkommen
Fast alle Religionen lehren: Das Leben wird uns geschenkt
    und wieder genommen

Geschenke dankbar zurückzugeben gelingt nicht immer
Aber versuchen kann man es – mit einem Hoffnungs-
    schimmer.

Leider

Wenn sie plötzlich auftritt, die Erinnerung an traurige Zeiten
Hilft die Natur
Manchmal auch Schreiben
Nur

Lamentieren hilft absolut nicht
Pflicht ist: Verzicht
Auf Selbstmitleid
Mit Hilfe von Natur und Schreiben entsteht Freiheit

Jeder findet seine Melancholie-Vertreiber
Nicht immer helfen sie langfristig – leider.

Prinzip Hoffnung

Das Alter bedeutet Verfall und Verzicht
Aufhalten lässt es sich nicht

Mit den verbleibenden Lebensgeschenken gut zu leben
Setzt Zuversicht voraus – ohne sich der Resignation
   zu ergeben

Die große Lehrmeisterin Erfahrung stellt Mittel zur Verfügung
Selbstvertrauen
Kann hilfreicher sein als Gottvertrauen
Und beinhaltet immer das Prinzip Hoffnung.

Unendlich

Mit Stift und Papier ist das Leben auf der Insel ein Wir
Wir meistern die Alltags-Geschehnisse
Zu Reimen verwandelt sind sie erträglich – Biblio-Revier
Therapie-Genüsse

Ist das nicht eine Vogel-Strauß-Manier
Meint eine alte Freundin
Und dein intensiver Glaube an den christlichen Gott –
    ist das nicht auch eine Überlebens-Gier
Unsere unterschiedliche Suche nach Lebenssinn dauert
    schon ein Leben lang
Und ist doch immer wieder ein neuer Anfang

Für sie ist ein Leben nach dem Tod selbstverständlich
Die Existenz-Energie, sagt sie, ist unendlich.

Gütig

Zuspruch oder Sinnspruch
Ich bevorzuge den Sinnspruch

Auf der Suche nach dem Sinn ist Sprechen nicht unbedingt
    notwendig
Eher zeitaufwendig

Oft zu viel Aufwand
Bei zu wenig Verstand

Eine Alternative wäre zuzuhören
Sinn-hörend wäre friedensstiftend – weniger störend

Und würde dem Nachdenken mehr Raum lassen
Um zu sein wie man gerne wäre – gelassen

Entspannt und gleichmütig
Im nicht mehr gebräuchlichen Ausdruck: Gütig.

Lebens-Wanderweg

Eine alte Freundin hat spät ihre Inselliebe entdeckt
Spät aber heftig
Ihre Krankheiten ziehen sich dann zurück in das
    Stadtneurotiker-Versteck
Dort lauern sie auf die Rückkehr und die ist, wie könnte es
    anders sein, ein Missgeschick

Inseln verändern ihre Bewohner
Das Meer trägt ihre Sorgen fort
Weniger ist dank Meer – mehr
Und die Stadt ist kein Mehr-Ort

Auf einer der schönsten Inseln dieser Welt zu leben
Ist ein Privileg
Es ist wie ein Gebet
Und Gebete sind wie Meditation – sie helfen immer
    auf dem Lebens-Wanderweg.

Dimensionen

Immer wieder kehrt die Entwurf-Freudigkeit zurück
Mitten in der Nacht
Entsteht unerwartet und sacht
Ein Hauch von Zufallsglück

Mit Blick in die Sterne
Sind dort all die verstorbenen Wesen
Wäre ich dort gerne?
Bin ich schon einmal dort gewesen?

Die Gedanken wandern
Bis der Schlaf sie wieder umfängt
Und entführt in die ganz anderen
Dimensionen in denen das Schicksal unsere
    Entscheidungen lenkt.

Lebenskunst

Ein Kunstwerk kann auch dann gelingen
Wenn die Materialien, die dem Kunsthandwerker zur
    Verfügung stehen, nicht ideal zu sein scheinen
Vor allen Dingen
Ist Ausdauer gefragt – meinen

Diejenigen, die glauben, das eigene Werk künstlerisch
    gestalten zu können
Eines, das ihm vor allem selbst gefällt – auch wenn
    kritische Betrachter es nicht anerkennen
Wer mit seiner Lebenskunst seinen Lebensunterhalt
    verdienen kann
Zieht andere in seinen Bann.

Lebensstunden

Jede Religion oder Philosophie hat ihre Argumente
Sie verführen uns
Vor allem gegen Lebensende
Hilft die Kunst

Zu glauben: Wir sind nur Produkte einer Höheren Macht
Einer Macht die es schafft
Uns zu suggerieren, wir hätten einen freien Willen
Der uns hilft, unsere Sehnsüchte zu stillen

Vielleicht wollen wir gar keinen Sehnsuchtsstiller, nur
    einen Wegweiser
Einen *Tranquilizer*
Der verheißt: Hier ist der Ort, du hast ihn gefunden
Er hilft dir sie zu genießen – die noch verbleibenden
    Lebensstunden.

Voraussicht

So ein Zufall
Jeder Fall ist ein Einzelfall
Ein „Um"-Fall
Sozusagen auch ein Glücksfall

Auf alle Fälle ein Fall
Der es wert ist
Darüber nachzudenken – ein Sonderfall

Wäre er vermeidbar gewesen durch Voraussicht
Im Zweifelsfall: nicht.

Märchenprinz

Wenn ich die *Morning-Glory* wieder einmal unter eine
  Pinie gepflanzt habe
Und ihr sage:
An der kannst du dich festhalten
Deinen Blütenzauber entfalten

Für dich wäre sie nur eine Zwischenstation
Denn die Äste wachsen jetzt schon
Über die *casita*
Und da
könnte ich dann von oben zuschauen wie du sie langsam
  umhüllst mit deiner Blütenpracht

Während die Inselgöttin Tanit lacht
Auch ohne Märchenprinz hat dir die *Morning-Glory*
  Glück gebracht.

Im Universum

Die liebsten Sprünge sind mir die Gedankensprünge
Am begehrtesten scheinen die Seitensprünge zu sein
Die Forschung nach dem Ursprung
Bedeutet für denjenigen einen Vorsprung
Der ihn sich zutraut – den Gedanken-Sprung

Gedankensprünge sind immer auch Sprünge ins Ungewisse
Sie hinterlassen Risse

Ohne Gedankensprünge keinen Sprung
Und keinen Glauben an eine bessere Welt
Die alles zusammenhält
Im dies- und jenseitigen Universum.

Immer wieder

Mit dem Stift in der Hand vor einem Blatt Papier zu sitzen
    ist beruhigend
Auch dann, wenn noch kein einziger Gedanke sichtbar
    geworden ist
Wie Schmetterlinge umkreisen sie das Blatt, sind in
    ihrem Element

Niederlassen wollen sie sich bisher nicht
So ein Schwebender vergisst
Sich auszuruhen, fliegen ist zu schön
Wer Gedanken-Schmetterlinge liebt will sie vor allem
    wahrhaben, ansehen

Festhalten zerstört ihren Flügel-Glanz
Ihre Kurzlebigkeit zu betrachten genügt voll und ganz
Doch hin und wieder lassen sie sich vertrauensvoll nieder
Das sind Glücks-Augenblicke – immer wieder.

Gescheitert

Wer meint er hätte zwar nicht so viel Talent
Wäre aber äußerst hartnäckig
Und hätte die Gabe mehr oder weniger eloquent
Klagende wissen zu lassen, sie wären ziemlich zickig

Der hat wieder einmal die Idee nur aufzuschreiben,
    was erheitert
Doch wie das so ist mit dem Wörtchen NUR
Es führt augenblicklich auf die Gegen-Spur
Weiter so: Erweitert heißt noch nicht gescheitert.

Evolvieren

Wer oder was immer uns ins Leben katapultiert hat
War es eine einmalige Tat?
Viele meinen NEIN
Das Leben muss nicht nur auf dem blauen Planeten da sein

Wo im Universum wäre noch so ein Wunder möglich
Noch weiß man es nicht
Der liebe Gott bot nur die Ausgangsposition:
„Es werde Licht", die Menschen nennen es Evolution

Den lieben Gott finden sie nicht mehr lieb, der sitzt
    in seinem Himmelreich
Ihn scheint sein blauer Planet nicht mehr zu interessieren
Sollen die Menschen sich doch, nachdem sie seinen
    Sohn kreuzigten, zu Tode evolvieren.

Kein Wunder

Jeder Tag hat seine Glücksaugenblicke
und seine Tücken

Das Leben ist ein Wunder
Täglich geht die Sonne auf und unter

Um uns herum kreisen Abermillionen Lichter – kein
    Wunder dass die Unendlichkeit uns verwirrt
Wer glaubt, sie zu begreifen, der irrt

Nur mit Hilfe unserer Phantasie überleben wir diesen
    Zustand eine gewisse Zeit
In der unbegreiflichen zeitweiligen Ewigkeit

Der Tod ist nur eine wechselnde Lebensform im
    Niemandsland, das wir Dasein nennen
Ohne seine Entstehung zu kennen.

Trostvoll

Wenn langsam das …los wegfällt kann es sein
Dass es ersetzt wird – durch den Reim

Trost-Reim heißt dann das Gedicht
Es hat ein ständig wechselndes Gesicht

Und entsteht wie ein Traum
Ohne Orientierung in Zeit und Raum

Zum Schluss hat es eine Geschichte erzählt
Die, ohne …los, nicht mehr quält

So kann es getrost weitergehen:
Trost-voll in die Zukunft sehen.

Für eine längere Weile

Ein Zuspruch ist wie ein Anspruch
Das Prinzip Hoffnung soll es sein
Ein Beinbruch
Ist auch nur ein vorübergehender Einbruch
Und der kommt selten allein
Unvorsichtigkeit lockt ihn an – verbunden mit Eile
Wieder einmal zwingt so ein Bruch zum
Nachdenken – für eine längere Weile.

Nur das Schicksal

Einen neuen Gedichtband in Händen zu halten macht froh
So
würde ich gerne noch eine Weile leben
Inmitten der Natur
Nur
mit dem So-Sein einverstanden, ohne nach Anerkennung
    zu streben
Wie das heute gelingt!
Nur das Schicksal weiß, was der morgige Tag bringt.

Meer

Nicht täglich gelingt Dankbarkeit im Alter
Die Begleiterscheinungen sind oft unerfreulich
Manchmal genügt der Anblick von einem traumhaft
    schönen Falter
Um für Momente zu sehen: Das Leben ist wie ein Gedicht

Von Wünschen und Wahrnehmungen begleitet
Immer wieder beeindruckt von der Natur
Ein jedes Lebewesen leidet
Nur wir Menschen jammern – nicht nur

Im Alter mehr
Nicht jeder hat die Trösterin Meer.

Herrscher-Überheblichkeit

Das Leben zwingt zur Dankbarkeit
Ähnlich wie ein Hund sein Herrchen liebt
Das ihn schlecht behandelt – die meiste Zeit
Nur weil da jemand ist, der ihm zu essen gibt

Mit ihm spazieren geht
Ihn – wie er meint – großzügig sein Hundeleben
    leben lässt
Unser Dasein ist ähnlich, ist einmalig – manchmal
    wie ein Fest
Der Hund weiß nicht, dass sein Herrchen nur eine
    begrenzte Zeit sein Leben bestimmt
Bis ihm der Tod die ganze Herrscher-Überheblichkeit
    wegnimmt.

Für die Katzen

Unseren Anteil im nicht funktionierenden Miteinander
    zu sehen fällt schwer
Schuld haben meistens die anderen
Und die oder der
Denkt ebenso: Wir wandern

Auf einem mehr oder weniger egoistischen Pfade
Nur für unsere liebsten Menschen sind wir in der Lage
Über uns hinauszuwachsen
Nicht für all die anderen
Aber auf jeden Fall auch für die Katzen.

Schachmatt

Und dann geschieht das, was immer geschah
Die Gegenwart
Dehnt sich aus zu einer Zukunfts-Art
Einem Utopia

Einer mit Neugier erwarteten Daseinsweise
Manchmal nimmt sie Gestalt an durch eine Traumreise
In eine unbekannte Welt
Die das Jetzt vor unvorhersehbare Herausforderungen stellt

Die Frage nach dem Ende von Da -Sein
Schließt bisher unbekannte Pläne ein
Die einen Schöpfergott zum Lachen bringen – er, der alles
    erschaffen hat
Setzt alle klugen Religionswissenschaftler schachmatt.

Reise

Wohin führt dieser Weg
Ist er ein Laufsteg

Oder ein Rückzugsweg – mit oder ohne Publikum
Ein kleines Heiligtum

Das am Ende die Stille liebt
Sich den Naturphänomenen hingibt

Und voll Erstaunen erkennt:
Ein Wunder ist diese Reise die der Mensch „mein
Leben" nennt.

Endlos-Moment

Vor sich hin zu sinnieren
Ist ein wenig wie träumen
Den Faden verlieren
Ein Gefühl nichts zu versäumen

Wort-Malereien entstehen
Die Farben sind leuchtend
Die Zeit scheint still zu stehen
Ein Endlos-Moment.

Sinn und Widersinn

Im Einvernehmen mit sich und den Tieren in der Natur
  zu leben
Bedeutet nicht nur nach Unabhängigkeit zu streben

Menschen sind lebensnotwendig
Doch Phantasie und Träume werden mehr und
  mehr lebendig

Stellen sich ein auf die Zeit
Die bleibt

Auf der Suche nach Sinn und Widersinn
Und der Frage: Bin ich wirklich die, die ich bin.

Lebens-Symphonie

Ein Ausblick ins Licht
Pinien in einem gold-grünen Schimmer
Sonnenstrahlen vermisse ich nicht
Dezember-Wohlgefühl – wie fast immer

All die Entwürfe packe ich in den neuen Band
Ein Jahresrückblick
Er geht Hand in Hand
Mit dem Zufall und dem Ausblick

Auf ein Neues Jahr
Was immer geschieht
Es ist und war
Teil einer Melodie
In der Lebens-Symphonie.

Nicht so weit

Froh zu sein bedarf es wenig
Frei zu sein erfordert mehr
Froh und frei, da sind wir uns einig
Bedeutet jetzt: Unabhängigkeit – am Meer

Und der Möglichkeit sich hinaus zu begeben in die
    Unendlichkeit
Noch ist es nicht soweit.

Von den Träumen

Bestrafung

Wenn das Einschlafen wieder einmal nicht gelingen will
wiederhole ich meine Bitte an die Traumgeister:
Ich möchte so gerne einen spannenden Traum – darin
    seid ihr doch Meister
Dann warte ich geduldig und still

Offenbar ärgerlich über meinen schmeichelnden Ton
Schicken sie mir einen Alptraum – diese Bestrafung
    kenne ich schon.

In der Stille

Wie Träume begreife ich viele Gedichte
Fast ohne nachzudenken, wie in Erinnerung
Sie sind wie eine Kurzgeschichte
Selten schreibe ich sie um

Was war zuerst da
Im Zweifelsfall die Träume, die es offenbar
Schon vor der Sprache gab
Auch Tiere träumen, das erkennt jeder, der eng mit
    ihnen zusammen lebt

Und ihre Schlafbewegungen versteht
„Träume sind Lehrmeisterinnen der Poesie"*
Nur in der Stille erfahren wir sie.

*Paula Ludwig

Beginnen

Das Glücksgefühl das ein Traum auslöst hält an
Vielleicht auch deshalb: Ich halte es schreibend fest
     und spüre dann

Es ist wie Realität
Ganz und gar
Intensiv spürbar
Und es lädt

Zu weiteren Mutproben ein
Ob wir Einfluss auf unsere Träume haben?
Das kann sein
Es sind häufig die komplizierten Lebensfragen
Die Träume hervorbringen
Mit denen wir manchmal einen neuen Anfang beginnen.

Nächtliche Helfer

Mir gefällt meine Schrift
Zusammen mit Papier und Stift

Sind sie zuverlässige Begleiter
Immer einsatzbereit – und weiß ich nicht weiter

Verlasse ich mich auf die Traum-Geister, die mir
    gewogen sind
Ich vertraue ihnen nicht blind
Aber lernbegierig
Das schafft Überblick und macht neugierig

Ohne sie wäre das Aufwachen am Morgen kein Vergnügen
Die Melancholie würde siegen
Mit anderen Worten: Papier, Stift und die Traum-Geister
    verleiten mich zum Dichten
Danke ihr nächtlichen Helfer, mir gefallen viele eurer
    Geschichten.

Geschehen

Hättest du Lust mitzuspielen
Fragen mich die Traumgeister und setzen mein Ja voraus
Von all den vielen Lebensspielen
Sind die Traumspiele die überraschendsten – keine Regeln
im voraus

Aber unvorhergesehene Mitspieler aus der Vergangenheit
Die Geschichten erzählen
Von denen kann ich mir die auswählen
Die mir gefallen – Traumgeschichten gehören zu den
geheimnisvollsten von allen

Manchmal helfen sie, sich selbst zu verstehen
Bei Erlebnissen, die in der Wirklichkeit überraschend
geschehen.

Traumgeister

Das Vergangene positiv zu beschreiben ist ein Kunststück
Daher versuche ich, ein wenig zu übertreiben – mit List
　　und Geschick

Im Sinn von „Übertreiben macht anschaulich"
Ein Spruch eines Freundes aus alten Zeiten
Autoren versuchen oft vergeblich
Das Negative nicht zu übertreiben

Auch hoffnungsvoll denkend ist beschreibbar
Und lebensrettend in Gefahr

Erfahrung ist ein guter Lehrmeister
Manchmal sind es auch Traumgeister.

Bei Sonnenlicht

Wenn Traum- und Reim-Geister zusammenarbeiten
Entsteht Rhythmus und Phantasie
Was wäre der Alltag ohne sie?
Vermutlich das von allen Religionen beschworene Leiden

Hinzu kommen die Schutzengel
Zusammen vermeiden
Sie all die großen Lebensmängel
Und sorgen für das erstrebte Gleichgewicht
Das immer etwas stärker ist bei Sonnenlicht.

Lebenskünstler

Manchmal bleibt ein Wort im Gedächtnis haften
So, als wollte es eine Geschichte erzählen
Ich muss nur auf seinen Klang, nicht seine Bedeutung
    achten
Dann kann ich die Geschichte auswählen

Das Leben besteht aus unendlich vielen Geschichten
Ich finde Sie fast alle erzählenswert
Vor allem die, die von zunächst Unverständlichem
    berichten
Zum Beispiel einem Traum, der immer wiederkehrt

Erst dann, wenn wir eine Erzählung daraus machen
Begreifen wir manchmal seinen Sinn
Der Verstand ist hilfsbereit in vernünftigen Sachen
Träume sind Ausdruck für all den Sinn und Unsinn

Nur Lebenskünstler können darüber lachen
Lachen ist weniger beliebt als Klagen
Kein Wunder, dass immer weniger zu lachen wagen.

Schweben

Träume zu deuten ist ein großes Unterfangen
Man muss keine C.G. Jung-Anhängerin sein um bei seinen
    Archetypen anzufangen
Sie spielen eine Rolle, die oft unerklärlich bleibt
Nietzsche meinte: Im Schlaf und Traum machen wir das
    gesamte Pensum früheren Menschtums durch

Leib und Seele bilden eine Einheit
Und doch führen sie ein Doppelleben
Wer seine Träume ignoriert versäumt es, durch die
    Jahrhunderte zu schweben.

Unliebsame Wahrnehmungen

Entwerfen gefällt mir
Die endgültige Form finde ich selten
Und so bleiben die Entwürfe Gedanken-Pläsier auf Papier
Eine Mischung aus Wunsch, Philosophie und Traumwelten

Wie ich sie liebe – die Träume
Manchmal versäume
Ich Papier und Stift griffbereit zu deponieren
Schnell muss ich beim Aufwachen sein um sie nicht aus
    dem Gedächtnis zu verlieren

Wenn Vergessen die nächtlichen Traumgeister ärgerlich
    werden lässt
Bestrafen sie mich mit einem Alptraum
Doch oft fühle ich mich im Traum wie auf einem Fest
Unliebsame Wahrnehmungen registriere ich kaum.

Träumerisch

Träume und Poesie
Was wäre das Leben ohne sie

Träume sind laut Paula Ludwig Lehrmeisterinnen
Poesie zeigt, ob die Schülerinnen

Von den Lehren überzeugt waren
Ob sie sie im Gedächtnis bewahren

Und als Teil der Lebenserfahrung verstehen
Die eine archaische Weisheit gewährt hat um Leid
    zu überstehen

Oder manchmal zu lindern
Oder gar zu verhindern

Träume sind Helfer die das Schicksal uns schenkt
Von den Daseins-Plagen ablenkt

Als Geschichtenerzähler sind die fantastisch
Im wahrsten Sinne des Wortes träumerisch.

An meine Traumgeister

Um mich bei euch Traumgeistern für eure Geschichten
    zu bedanken
Werde ich einige von denen, die mir gefallen auswählen
Und vor dem Einschlafen um einen weiteren Traum bitten
Ihn nach der Wunscherfüllung nicht zu erwähnen wäre
    absolut undankbar

Erst einmal habe ich die ausgesucht, die Kurzgeschichten
    sind
Ihr wisst, an lange Prosa muss ich mich erst noch gewöhnen
Später werde ich sie vielleicht ein wenig verändern
Schließlich müssen potentielle Leser nicht alles wissen

Nur soviel: Ich habe sie nicht erfunden – ihr habt sie
    mir geschenkt
In der Gegenwart zwingt mich das Schicksal, viele
    Geschenke zurückzugeben
Weil ich fürchte, dass mir auch das Gute-Gedächtnis-
    Geschenk zurückverlangt wird
Greife ich dann einfach nach dem Prosa-Band

Meine Dankbarkeit ist grenzenlos – ich würde

Euch am liebsten umarmen
Doch wie umarmt man Geister?
Egal – *abrazo** von eurem Medium

PS: Hier nur der Heute-Nacht-Traum – die anderen
werden in einem getrennten Traumbuch erscheinen.

*Umarmung

Biblio-Therapie

Mit Menschen, die sich auf meine Anzeige gemeldet haben, treffe ich mich zu einer regelmäßigen Lesegruppe im Sinne einer Biblio-Therapie. Sechs Frauen und sechs Männer habe ich mir ausgesucht, die Viel-Leser und davon überzeugt sind, dass Lesen einen therapeutischen Effekt hat. Jeder bringt ein Gedicht mit und sucht sich das Gedicht eines Teilnehmers aus, das ihm am besten gefällt. Seltsamerweise bilden sich auf diese Art Paare, die sich nicht nur biblio-therapeutisch attraktiv finden. Im Laufe der Diskussion mache ich den Vorschlag, dass jeder in einer Gesprächspause ein Gedicht entwirft, das später ebenfalls von einem anderen bevorzugt wird oder nicht. So entsteht ein Eindruck und Ausdruck der individuellen Lebensstrategie und -bewältigung. Ich verliebe mich in eine Frau von der ich nichts kenne außer ihren Geschichten- und Gedichten. Ihre Gedichte nennt sie Wortmalereien. In Wirklichkeit ist sie Malerin.

Alphabetisches Verzeichnis der Titel

Z

Zur Autorin

Marianne Hartwig wurde im Hunsrück geboren und verbrachte dort ihre Kindheit und frühe Jugend.

Sie betätigte sich u.a. als Designerin, Antiquitätenhändlerin in London und Hamburg. Als Kunsthandwerkerin entwarf sie bildhafte, textile Arbeiten und präsentierte sie zehn Jahre lang auf der Internationalen Frankfurter Messe. Parallel war sie Mitbegründerin einer Hamburger Literaturgruppe und nahm an Lesungen teil, auch innerhalb des Hamburger „Literatrubel" in den 1980er Jahren.

Verheiratet, bis ihr Mann 2009 unerwartet starb, hat sie einen erwachsenen Sohn und lebt mit ihren Katzen vorwiegend auf Ibiza. Sie pendelt jedoch zwischen neuer und alter Heimat, dem Hunsrück, den sie ebenso liebt.

Seit mehr als 35 Jahren schreibt sie vor allem Gedichte und Erzählungen.

Bisher von ihr erschienen:

Wie Sand am Meer: Freud und Leid Gedichte (BoD, Norderstedt, 2009), 192 S., broschiert, ISBN: 978-3-8391-1160-4

Sucht und Sehnsucht: Mit dir und ohne dich (BoD, Norderstedt, 2010), 308 S., broschiert, ISBN: 978-3-8423-3140-2

Balanceakt: Nach der Zeit zu zweit (BoD, Norderstedt, 2011), 199 S., broschiert, ISBN: 978-3-8423-8300-5

Ein Hauch von Zuversicht (BoD, Norderstedt, 2012), 236 S., broschiert, ISBN: 978-3-8482-2571-2

Daheim: Eine ungereimte Kindheit (BoD, Norderstedt, 2014), 288 S., broschiert, ISBN: 978-3-7357-5630-5

Weniger, aber Meer: Von der unerreichbaren Gelassenheit auf Ibiza (BoD, Norderstedt, 2015), 240 S., broschiert, ISBN: 978-3-7347-7152-1

Mutwillig: Von Leicht-, Froh- und Unsinn (BoD, Norderstedt, 2016), 212 S. broschiert, ISBN 978-3-7412-6198-5

Vor-Lieben: Poesie des Alltags (BoD, Norderstedt, 2017), 272 S. broschiert, ISBN 978-3-7460-4404-0

Mit sich und der Welt in Reimen: Aus meinem lyrischen Tagebuch (BoD, Norderstedt, 2018), 208 S. broschiert, ISBN 978-3-7481-4120-4

Fragwürdig (BoD, Norderstedt, 2019), 356 S., broschiert, ISBN: 978-3-7504-1219-4

Abramakabra (BoD, Norderstedt, 2020), 380 S., broschiert, ISBN: 978-3-7526-2324-6

Einfach leben: Und in Versen und Träumen davon erzählen (BoD, Norderstedt, 2022), 388 S., broschiert, ISBN: 978-3-7562-1187-6

Ojalá: Aus dem Tagebuch eines Liebhabers (BoD, Norderstedt, 2022), Erzählung, 252 S., broschiert, ISBN: 978-3-7557-7604-8

Lebenslandschaften: Im Licht und Schatten (BoD, Norderstedt, 2023), 342 S., broschiert, ISBN: 978-3-7578-2116-6

Traumverloren: Aus meinem lyrischen Tagebuch (BoD, Norderstedt, 2024), 350 S., broschiert, ISBN: 978-3-7583-8339-7